内戦の地に生きる

――フォトグラファーが見た「いのち」

橋本　昇

新書　894

はじめに——パリから送られてきたフィルム

ある日突然、所属している通信社のパリ本社から大きな段ボール箱が山のように届いた。開けてみると中には、現像されたポジフィルムがぎっしりと積み込まれていた。

時代はデジタル化へと移っていた。送られてきたのはデジタル処理された後の役目を終えたフィルムだった。一コマを手に取り光に透かして見る。そこに浮かび上がったのはまごうことなき、あの時、あの場所での光景だった。その場の音や臭いまでもが、まざまざと蘇ってくる。

あの頃、取材現場で撮影した未現像のフィルムは、キャプションをなぐり書きした紙で包み、運航している航空便に託していた。

届いてくれと、飛び去る機体を祈るような気持ちで見送った事なども思いだされる。

フィルムが現像された時に浮かび上がるであろう光景は、一枚一枚シャッターをカチャ、カチャと切るたびに頭の中に保存していた。

その記憶した光景が今、再び目の前にある。そしてそのフィルムの中で、あの時の人々が再び息づき始めていた。

苦悩、悲しみ、怒り、祈り、そして愛や憎しみ。紛争の現場、飢餓《きが》の現場から、人々は生きる事の意味を問いかけていた。


フォトグラファーとして見てきた様々な光景。

アフリカのどこまでも続く赤い大地、そこに突如現れる動物達、カンボジアの青々と広がる水田に憩うアヒルや水牛、アフガニスタンへと続く荒野にくるくると巻き起こるつむじ風……。そんな光景に出会うたびに、この奇跡の星地球の、私達をとりまく世界は「詩」なのだなぁと感じていた。

そしてこの長い地球の歴史の中で、私達は皆、遠くの星の瞬《また》きのような、ほんの一瞬の時間を生きているに過ぎないのだと思いながらシャッターを切っていた。取材現場で出会った人々から受け取ったのは、そんな私達への一人一人の〝命の詩〟だったと思う。

本書を書く機会を与えられた時にまず考えたのは、見てきた事を見てきたままに伝えるだけ、という事だった。プレス・フォトグラファーという仕事は何かのプラカードを掲げる類《たぐい》のものではない。

しかし、ジュニア新書という若い人々に向けた本ということならば、一つだけプラカードを掲げてみようかと思う。

「人間の一生もまた一篇の詩だとしたら、あなたはどんな詩を書きますか?」

橋本　昇

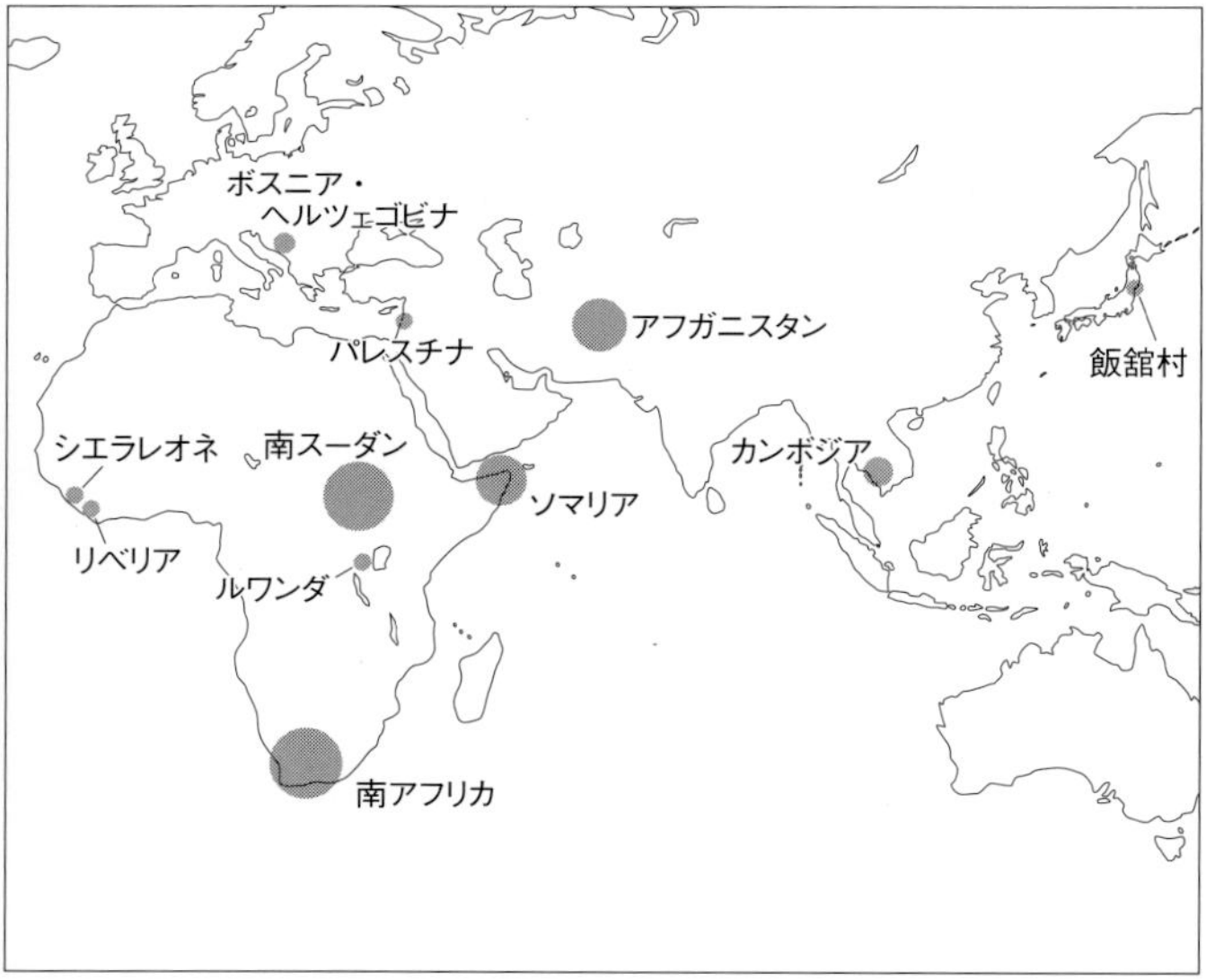
ボスニア・
ヘルツェゴビナ
パレスチナ
アフガニスタン
飯舘村
シエラレオネ
南スーダン
カンボジア
ソマリア
リベリア
ルワンダ
南アフリカ

目　次

はじめに――パリから送られてきたフィルム
ソマリア　1992年……1
ボスニア・ヘルツェゴビナ　1994年……33
南アフリカ　1994年……69
ルワンダ　1994年……91

シエラレオネ、リベリア　1996年……109
アフガニスタン　2001年……127
パレスチナ　2002年……145
南スーダン　2003年……181
カンボジア　2006年……211
飯舘村　2011年〜……231

ソマリア

1992年

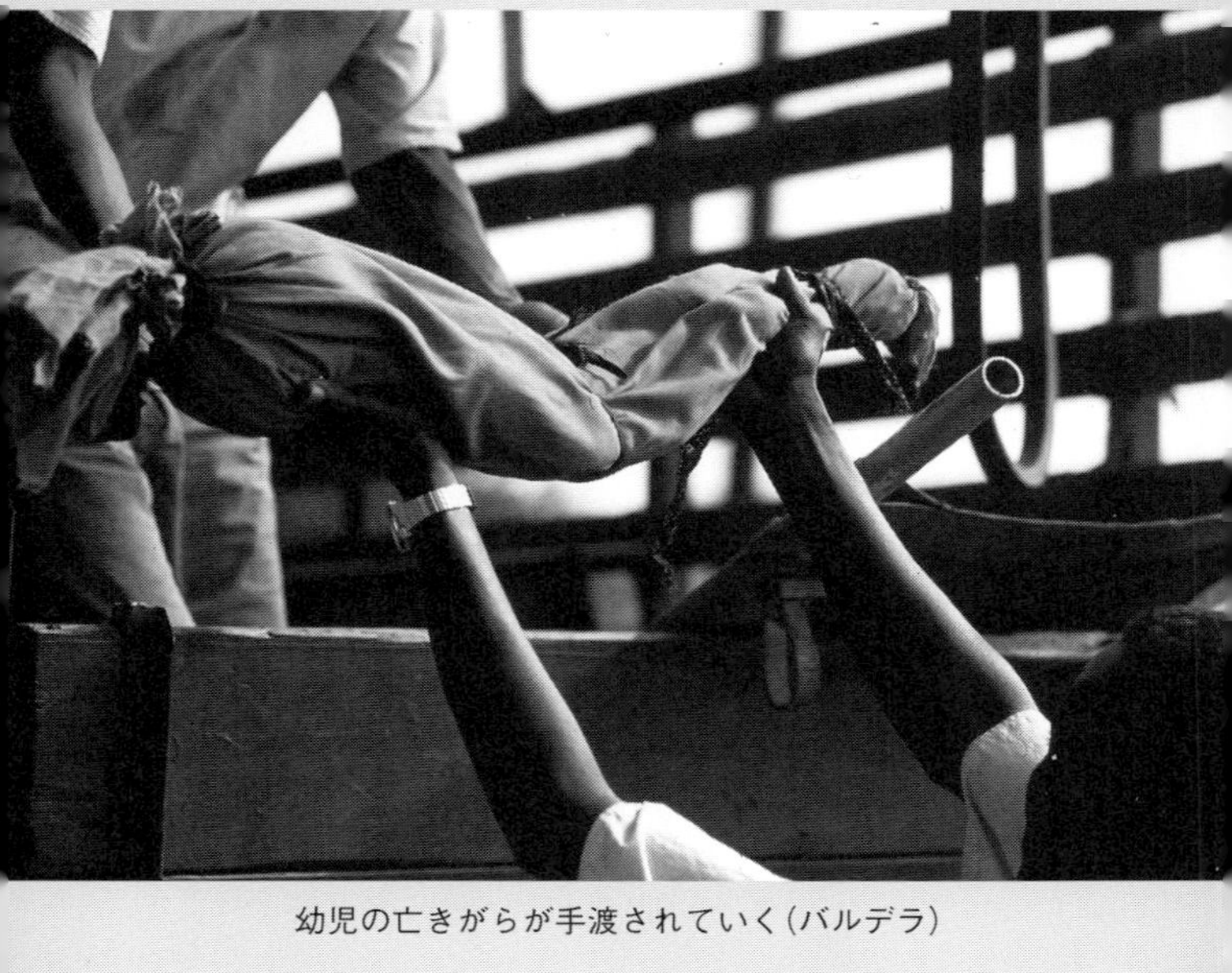

幼児の亡きがらが手渡されていく(バルデラ)

我が子に与える乳も，もう出ない(バルデラ)

生きるためには，立ちなさい……(バルデラ)

ソマリア　1992 年

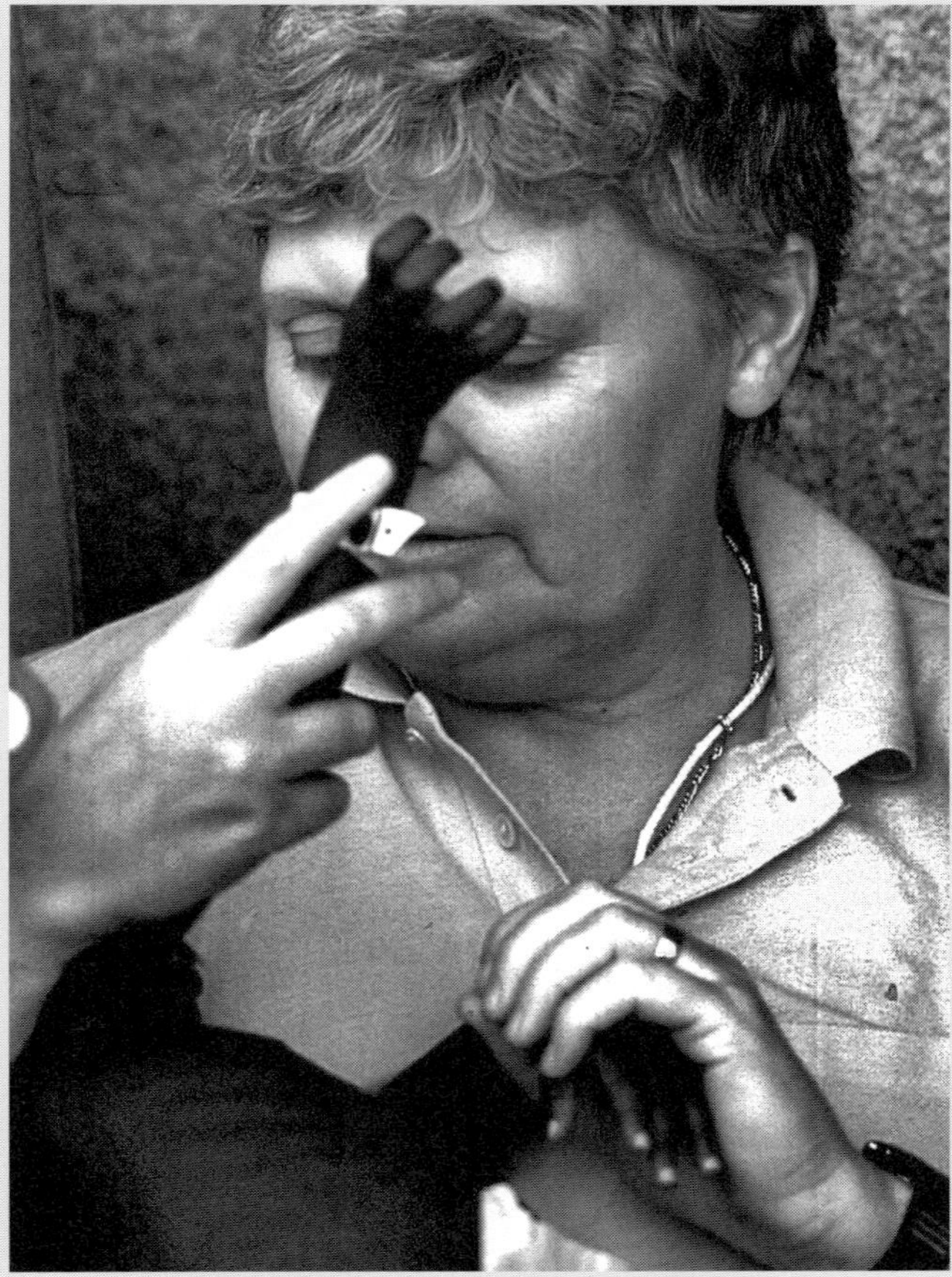

この子の命を助けたい(バイドア)

食べ足りない……(モガディシオ)

ソマリア　1992 年

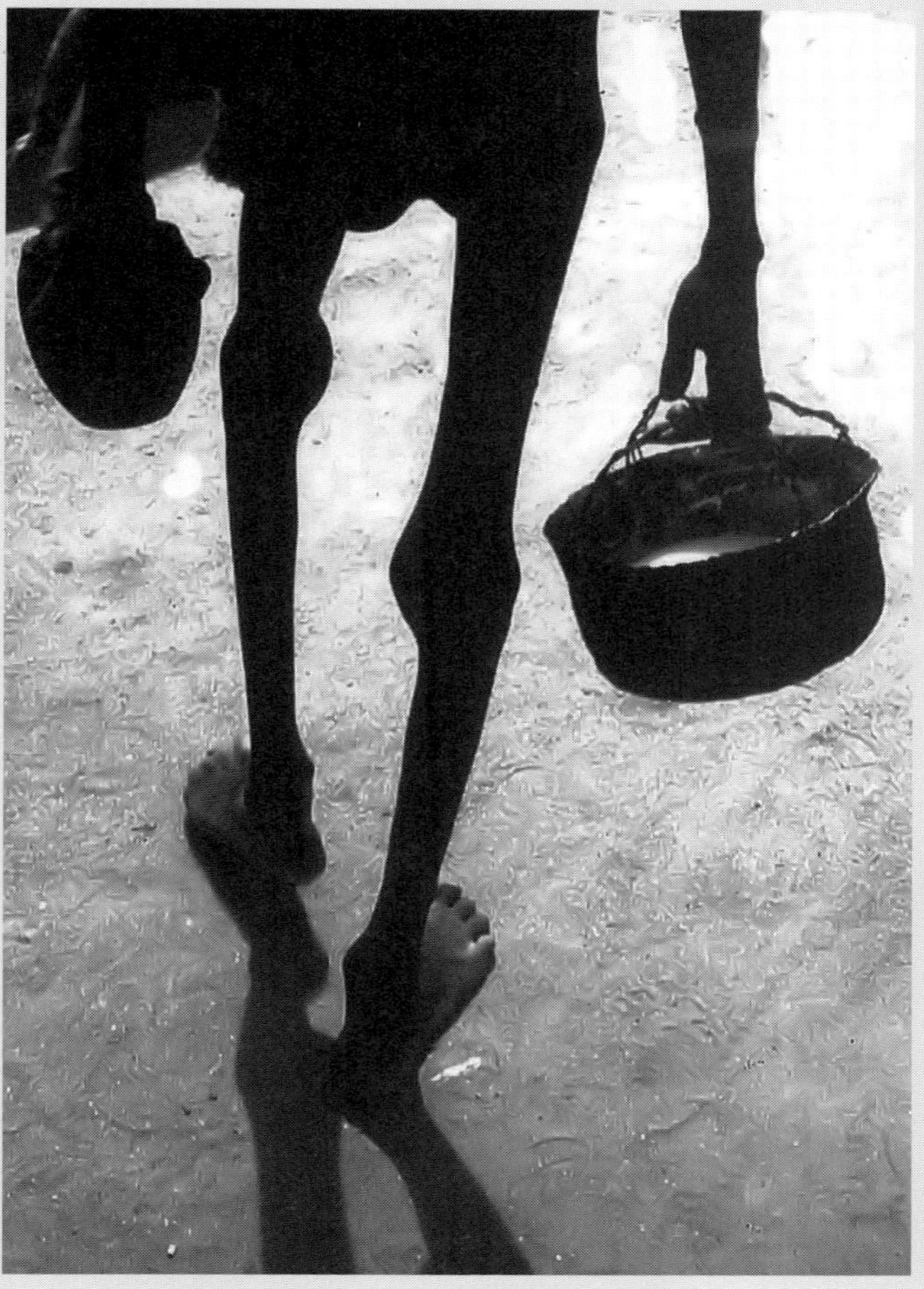

鍋を手に炊き出しを探す(モガディシオ)

命の灯火が消えてゆく（バイドア）

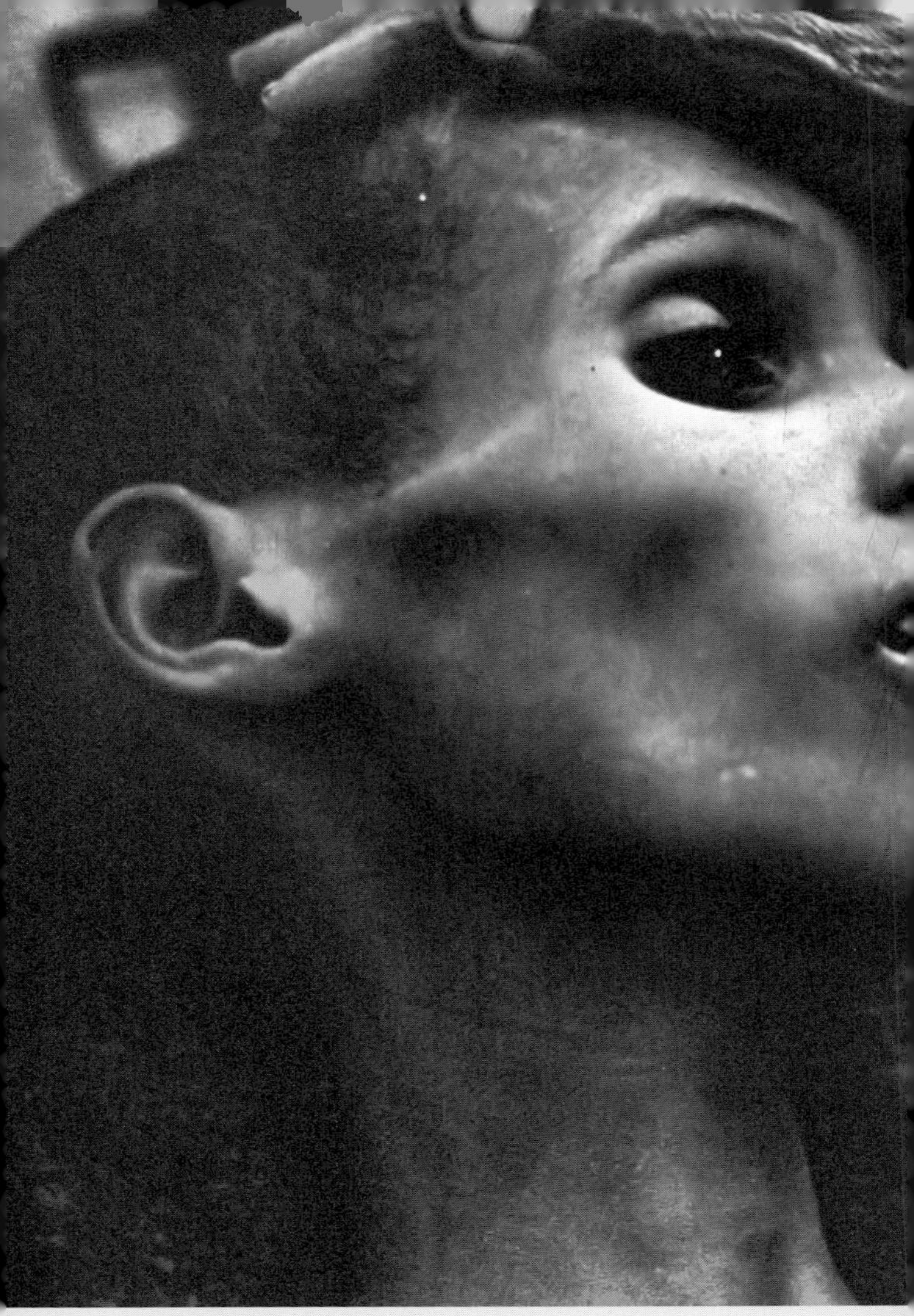

二〇一四年夏、東京郊外日野市。道を覆うように繁った木々から蟬《せみ》しぐれが降る急な坂道を、長身の黒人青年が上って来た。細長い顔と褐色《かっしょく》の肌、それは忘れもしないソマリア人の顔だった。

「君はソマリア人でしょ？」

すれ違いざまに声をかけた。その青年はアブドゥラと名乗り、都内の大学に通う留学生だという。話の中、彼は目を真っ直ぐにこちらに向け言った。

「あなたはソマリアを見た。僕達の国がどんな国か知っているのですね」

ならず者の町

一九九二年一〇月、便乗《びんじょう》したユニセフ機はソマリアのモガディシオ空港に降りた。定期便の途絶えた国際空港は閑散《かんさん》としている。

ドアが開くとムッとした熱風が機内に流れ込んできた。滑走路に降りようとすると近くで銃声が聞こえた。思わず首を引っ込めると、パイロットが顔をしかめて言った。

ソマリア　1992年

「まったく奴らはどこでも銃をぶっ放す」

首都モガディシオは〝アイディード派〟によって制圧されていた。荷台に機関砲を据《す》え付けたピックアップトラックに乗った民兵達が、やたら意味もなくパンパンと銃を撃ち鳴らし、喚声《かんせい》を上げながらメインストリートを走り回っている。彼らは〝テクニカル〟と呼ばれていたが、どう見てもならず者の集団だ。アイディード派がモガディシオを制圧すると、すぐにこのならず者達が横行するようになったという。だが、ここではこの銃に守られなければ何の活動もできない。ユニセフのトラックの荷台にも大きなマシンガンが据え付けられ、雇われた民兵達が銃で周囲を威嚇《いかく》していた。

翌日、紹介された民兵が四人、通訳とやって来た。全員が自動小銃を手にしている。確かに怒らせれば厄介そうな連中だ。中の一人はどう見ても少年だろう。その少年はアブドゥといい、一四歳だと言った。こちらの「子供だろ?」という目を気にしてか、精一杯の虚勢を張っている。笑顔も見せず、銃を握りしめて片時も離さない。暗い目だ。

モガディシオはすべてがカネだった。国が壊れてしまった時、頼れるのはアメリカドルだけ、そのあからさまな現実が目の前にあった。

メインストリートに並ぶバラック建ての店。店先には豊富ともいえる程の食べ物が並んでいる。吊り下げられた山羊の肉、生魚、干し魚、かなりの品揃えだ。

店先で湯気を出して炊きあがる米をじっと見つめている親子に気がついた。かなり痩《や》せて空腹そうに見える。その時、現れた店主にまるで犬でも追っ払うように鞭《むち》で脅かされ、親子は去って行った。食べ物はある、だがカネがなければ食べられない。

ユニセフなどの国連機関や各国のNGOが精力的に食糧援助を行ってはいたが、モガディシオに届く援助物資は、武装グループによって片っ端から横取りされていた。その横取りされた食糧までもが店で売られているようだ。大きく〝WFP(国連世界食糧計画)〟と書かれた袋に入った豆や米が店先に平然と並んでいる。古着、鍋、ラジオ、電池、高価な日本製のカメラまで……、これらもすべて強奪品《ごうだつひん》だろう。

こんなふざけた状況でも誰も何も言えない。銃が人々を黙らせていた。法も秩序も無くなった国では、銃とカネだけが〝力〟だった。そして〝力〟を持つ者だけが食べられるという社会が当然のようにでき上がっていた。

ならず者を太らせるために援助物資があるという実情には、NGOのスタッフ達も頭を抱えていた。こんなひどい現場は初めてだという。

市内の子供達のための炊き出し所。一〇〇人近い子供達がそれぞれ大きな缶を抱えて集まっていた。大きなトマト缶に豆ご飯を入れてもらった男の子が、その場に座り込んで貪《むさぼ》るように食べ始めた。四本の手の指を缶に突っ込んでは口に持っていく。あっという間に食べてしまうと、指先を舐《な》めながらペットボトルの水を一気に腹に流し込んだ。手足は痩せ、腹だけが膨らんでいる。

数人の子供が空になったドラム缶の中に頭を突っ込み、底に糊《のり》のようにこびりついた米をこそぎ取っていた。食べ足りない。

「ここに来る子供達のほとんどは二日に一食しか食べていない。もっと食べさせてあげたいけれど、食糧が届かないんだ」

と、スタッフも辛そうだ。

栄養不足とそれによる病気で、毎日人が死んでいく。病院のソマリア人医師は「もうお手上げだ……」と、両手を上げた。「できるのは死亡宣告だけだ。何とかしてくれ」

この国の金持ち達はとっくに国を捨てて逃げ出していた。取り残された、カネも行くあてもない人々は、声を上げることもできず飢えていくだけだった。

テクニカルの話を聞きたいと思い、通訳を通じてインタビューを申し込んだ。

待ち合わせの郊外の墓地に、二台のトラックに乗って民兵達がやってきた。皆、若い。原色のTシャツにジーンズやコットンパンツ、洒落たサングラスをかけた者もいる。〝カット〟という草をクチャクチャ噛《か》んでやたらとテンションが高い。

レンズを向けると、それぞれに片手で自動小銃を高く掲げてポーズをとった。アブドゥ・ハキムと名乗る若者に話を聞いた。年齢は二〇歳をちょっと過ぎたというところか。

「君はいつ民兵になったの？」

「一年前にキスマヨから来て、食う物も無くうろついていたら、彼らに拾われたんだ。キスマヨは酷《ひど》かった。四日に一度食べられればいいほうだった」

「君は銃を持つことで毎日食べられているけど、食べられない人達も大勢いるだろう。飢えて死んでいるんだが？」

「毎日人が死んでいるのは、そこの墓を見ればわかるよ。飢えた人達がいるのも、町を回っているからよく知っている。でも、俺にはどうしようもない。アイディードが大統領になれば、この国は良くなるよ。アイディードは素晴らしいよ」

町でブイブイいわせている若者の素顔は悲しいほどに幼稚で、あどけないという印象すら受けた。

「小学校には通ったから、コーランは少しは読めるさ」

と、彼は自慢そうな顔をした。

この国をここまで滅茶苦茶にしたのは、権力争いとそれに伴って外国から入ってきた有り余る武器だった。

大半が遊牧民であるソマリア人は、昔から血の繫《つな》がりをもとにしたクラン（氏族）という集団で生活している。人々にとってクランは大きな意味を持ち、当然クラン同士には反目もあった。そこに大量の武器が流れ込み、国は手のつけられない状態になった。

一九六〇年に植民地支配から独立し、一九六九年からはバーレ政権が続いた。バーレは大ソマリ主義を掲げて民族の結集を呼び掛けたが、クランによる反発と権力争いは続き、国はずっと戦乱の中にあった。アイディード将軍らの率いる統一ソマリ会議（ＵＳＣ）がバーレ政権を追い出し、首都モガディシオを制圧したのが、一九九一年の昨年。しかし内乱は収まらず、その後も武装勢力同士の争いは続いた。その上、ＵＳＣの内部も分裂し、今もモガディシオのグリーンラインと呼ばれる境界線で銃撃戦を続けている。

こうしてソマリアはまったくの無政府状態となった。

何のための戦いなのか？

「そりゃー、邪悪な奴らを追い出すためさ」

と、グリーンラインにいたアイディード派の民兵は言う。しかし、何が正義なのか、そもそも正義があるのかも、こちらの目には見えてこない。見えてくるのはやたらと武器があるということだけだ。

バイドア

モガディシオから車で三時間の内陸の町バイドアに向かった。国内でも有数の農業地帯だったというバイドアは今、〝死の町〟と呼ばれていた。内戦による襲撃、略奪、それに干ばつも加わり、深刻な飢餓が人々を襲ったのだ。

はじめ、雇った民兵達はバイドア行きを渋っていた。対立するクランから襲われるかもしれないという。今までもジャーナリストが何人も襲われていて、カメラなどが強奪されている。問答の末、ロケット砲を加えて出発ということになった。

モガディシオの町を離れると、どこまでも荒れ地が続いた。突然現れる野生のラクダの群れ、道の片側に行儀よく並んでこちらを見ているミーアキャット、そんな光景にしばし目を奪われていた。だが、いつ襲われるかもしれないというのは、やはり気持ちの良い旅ではない。民兵達も緊張しているのか、いつもよりテンションがさらに上がり、辺りを警戒しながらも軽口ばかり叩いてはしゃいでいる。まったく、こいつらと一緒に死ぬのだけはごめんだ。

トラックは埃《ほこり》を巻き上げ、あらん限りのスピードで走り続けていた。

バイドアの町はずれ、民家がポツポツと見えてきた。だが、どの家も無人で歩く人の影もない。あたりには家畜の骨が散らばり、畑のトウモロコシは二〇センチ程で立ち枯れている。シーンと静まり返り、鳥の鳴き声すら聞こえてこない。そこを国際赤十字の車が土煙《つちけむ》りを巻き上げながら疾走していった。

町に入り、車を停めてアブドゥを連れて歩いていった。町の中も時間が止まったかのように静かだ。動きがまったくない。通りに人が倒れていた。道の真ん中に数人、そして周りを見ると向こうの木影にも、また先の木影にも。皆が飢えで倒れているということはすぐにわかった。髪は抜け、頬《ほお》がゲッソリと落ち窪《くぼ》んでいる。体中から肉というものが消え失せ、立ち上がる力もなく、声を出す力もない。どこかからここにたどり着いた人達のようだ。

道の真ん中に横たわり、強い日差しから守るように手で顔を覆っている女性がいた。顔にうるさくまとわりつくハエを追い払う力もない。傍《かたわ》らに幼い男の子が身を寄せていた。全身がかさかさに乾き、腹や背中の皮が波打っている。

男の子が虚ろな眼でこちらを見た。カメラを構えて男の子にレンズを向けシャッターを切った。男の子の目がレンズの先を追う。その間、ずっと体が震えているのを感じていた。ここまでの飢餓の現実を目の当たりにするのは初めてだった。

どうして自分はここにいるのか？　自分の健康な体を恥ずかしいとも感じた。写真を撮るということで正当化している自分の存在。何十年の人生まで問われているように心が揺れ、心の中で何かが激しく交差した。


トラックに戻ると、昼寝をしていた民兵達が起き上がり、いつもの調子で言った。

「腹が減った。飯を食いに行こう」

町のはずれに山羊を食わせる店があったと言う。さすがに心が刺立った。

「食いたくない」

語気強くそう言うと、彼らは黙った。

「おまえ達は飢えている人達のことを何とも思わないのか……」

口の中で苛立ちが行き来した。だが、言葉にはできなかった。彼らにぶつけたところで、どうなることでもないのはわかっている。現実をただ見ることしかできないのは同じなのだ。アブドゥは、さっきから黙ったまま、じっと俯《うつむ》いて地面を見ている。そういえば、アブドゥも飢えているところを拾われたのだ。

「よし、飯を食おう」

彼らの言う〝店〟について行った。一人の老婆がどこから手に入れたのか、ボイルした山羊肉の塊りを皿に盛って出してきた。彼らはそれを素手で摑《つか》んで歯で食いちぎり、音をたててガツガツと咀嚼《そしゃく》している。塊りを一つ摑んで口に入れた。硬い肉と脂身の臭いが口中に広がり、喉《のど》を通過していった。

飢餓

近郊で援助活動をしているNGOのスタッフも、町で倒れている人々のことはもちろん認識していた。とにかく一人でも多くの命を助けたい、という思いは誰も同じだった。しかしすべてが不足しているテントでは、受け入れられる人数にも限りがある。町で倒れている人達には、スタッフが巡回して対応するしかない。あの男の子の手首には赤いトリアージタッグ（重症を示す識別票）が巻かれていた。それはもちろん命の危機を示している。だが同時に、「我々は決して見捨てはしない、きっと助けるから」というスタッフの悲壮な願いも込められているのだ。

イギリス人女性スタッフが言った。

「大きな輸送機があれば、この人達を全員乗せて、ヨーロッパのどこでもいいから空港に着陸したい」

我々の暮らす社会では、町を救急車が夜中でも走り回り、あらゆる手立ての人命救助がなされている。そんな世界からここは最も遠いのだと思い知らされる。

テントの中の重苦しい静寂。赤ん坊のむずかる声が聞こえてくるとホッとするほど、人の動きというものが感じられない。地面をせっせと動く糞《ふん》ころがし、電球に吸い込まれるように羽ばたく蛾《が》、その蛾がパタパタと何度も電球に体をぶつけ黄色い粉をまき散らす。そんな生き物の動きに目が反応していた。元気に動くもののすべてが場違いに感じられる。

泣き声を上げられる子供はまだ希望がある、と言いながらスタッフの一人がもう流動食さえ受けつけなくなった幼い子供に点滴の針を刺そうとしていた。

乳児にスプーンでミルクを飲ませている母親がいた。ひと口、またひと口、飲ませては我が子の顔を両手で包み込む。助かって欲しいという願いがその手から伝わってくる。乳児はこくんと、またひと口ミルクを飲み込んだ。

その傍らでは、一人の少年の命が消えようとしていた。母親が注射器の先を少年の口元に持っていき、水を含ませていた。我が子の目をじっと見つめ、血管の浮き出た手を少年の頬にそっと乗せる。少年の唇が微かに動いた。少年は何を見ていたのだろう――その瞳はガラス玉のように透き通っていた。その瞳の虚ろな輝きが次第に力を失って、少年は死んだ。

ここに収容された人々は運がいい方なんだ、と誰かが言った。ここで死んだら埋葬はしてもらえるのだから、と。そんな言葉でも慰めになる。

ソマリア　1992年

バルデラも飢餓の深刻な町だった。

「テントやその近くで死ぬから、こうやって埋葬されるんだ。運がいいんだ」

埋葬に行くというソマリア人スタッフが、ここでも同じことを言った。二キロ程離れた墓のある所までついて行った。

「むしろ行き倒れて獣に食われ、風に飛ばされることの方が多いんだ。白骨がそこらじゅうにあるよ。少し行った所にも道端にころがっているから見てくるがいい」

そう言うと、彼は丁寧に埋葬した遺体に土をかけ、両手をかざしてコーランの一節を唱えた。

彼の言葉どおり、そこから少し行った道端に数体の白骨が野晒《のざら》しになっていた。置き去りになった人達はもう何も語らない……。運という言葉が頭の中でぐるぐると回った。

バルデラでは、南アフリカから来た黒人フォトグラファー、アレキサンダー・ジョーと一緒になった。ジョーは全身にアフリカの大地のエネルギーのような逞《たくま》しさと陽気さを持っていた。

「アフリカのすべてに問題がある」

と、開口一番、ジョーは言った。

「世界中の人間はライオンやキリンが走り回っているアフリカぐらいしか想像していないだろうが、見ての通り、はるかに問題は深刻なんだ。ユニセフ等が作る棒グラフや折れ線グラフよりね。それを伝える責任が僕にも君にもあるんだ」

ジョーと二人で取材に出た。テントへ向かう道、もうすぐテントというところで二〇人程の集団と出会った。子供も大人も皆、極限まで痩せた体で、黙々と一歩一歩確かめるような足取りでこちらに向かって歩いて来る。ふと、集団の歩みが止まった。三歳くらいの男の子がその場に倒れたのが見えた。母親と姉らしき二人がその様子を傍らで見下ろしている。母親の厳しい目が「立ちなさい」と言っていた。男の子はしばらく試すように手足を動かしていたが、やがて両手で膝を支えるとゆっくりと立ち上がった。

男の子がそろそろと歩き出した時、ジョーが嬉しそうに「OK！　OK！」と、大きな声を上げた。こうやってテントまでたどり着いても命が助かるとは限らない。でも、とにかくたどり着けただけでも彼らは運がいい。

赤ん坊を抱いた若い母親が一人でやって来た。飼っていた山羊も死に、食べ物もなくなり、必死に歩いて来たという。夫は一か月前に食べ物を探しに家を出たきり帰って来ない。

「いつ食べたのかも忘れてしまった。子供に与える乳も、もう出ない」

しきりに訴えるその若い母親の胸で、赤ん坊が無心に顔を埋め、唇を吸い続けている。

「OK！　OK！　もう大丈夫だよ！　テントまで行けばミルクがあるよ！」

食糧さえあれば助かったであろう命、薬さえあれば助かったであろう命。消えていった命の一つ一つには、それぞれにその物語があったはずだ。

ジョーの言ったことは確かだ。棒グラフや折れ線グラフにその命の物語までは表せない。我が子を亡くす親の悲しみが、声も上げず静かにグラフの中に積まれていく。

片手に乗る程の小さな亡きがらが、青い布に包まれて墓に行くトラックに手渡されていった。

多国籍軍

その知らせを初めてユニセフの事務所で聞いた時は、誰もが半信半疑という感じだった。近いうちにアメリカを中心とした多国籍軍がソマリアに上陸してくるという。あまりにも酷い飢餓の現状を受けての決定だった。

展開は早かった。二、三日後、海の方からジェット機の爆音が聞こえてきた。アメリカ海軍の艦載機、Ｆ14戦闘機だ。戦闘機は轟音《ごうおん》をとどろかせながら、モガディシオの上空を旋回し始めた。

「あれはアメリカ軍だ。近いうちに上陸してくるぞ」

と、民兵達に教えると、皆、空を旋回する戦闘機をじっと見上げていた。

「俺らにはアッラーの御加護がある。来るなら来い!」

そんな強がりを言いながらも、カットをクチャクチャと嚙む顔には不安の色がはっきりと浮かんでいる。

「どれくらいのアメリカ軍が来るんだい?」

と、アブドゥが訊いてきた。さっきから両手で銃を握りしめている。

「さあ、よく分からないが、最低二、三万は来るだろう」

そう答えると、彼らは押し黙ってしまった。想像がつかないのだろう。今までもモガディシオにはPKOのパキスタン部隊が五〇人程駐屯していたが、民兵達はその存在を舐めきっていたのだ。彼らの頭の中で不安がぐるぐると回っているのは、その一変した顔つきを見れば明らかだった。

翌日、迎えに来た彼らは丸腰だった。

「銃は?」

すると、彼らはニヤッと笑った。

「隠したから心配ない」

気がつくと町の通りからテクニカルはすっかり姿を消していた。銃声もピタリと止まった。嘘のように町の様子が一変した。

「今までピリピリしていた緊張が解けていく。ホッとしたよ」

と、ユニセフのスタッフが隠していたビールを出してきた。久しぶりの冷たいビールが喉の奥に沁み渡った。

上陸

一九九二年一二月九日の早朝、アメリカ軍はやって来た。まだ明けやらぬ暗い海から上陸してくるアメリカ軍兵士。目の前で待ち構えるフォトグラファー達。緊張で強張《こわば》った顔をした兵士達がライフルを構えながらゴムボートから飛び降りると、一斉にカメラのストロボが光る。

さらに大きなエンジン音と共に六両の水陸両用装甲車が、車体からぽたぽたと海水を滴《したた》らせ上がって来た。夜明け前の薄暗い空に爆音が轟《とどろ》き、ブラックホークヘリがサーチライトで海面を照らす。

これは映画の撮影か？　ショーなのか？

ソマリア　1992年

「アメリカの正義がやって来たぞ！」

と、誰かがちゃかした。

あっという間に、アメリカ軍はモガディシオの要所を制圧していった。民兵達が、銃を突きつけられて転がされ、後ろ手に縛られて乱暴に引き立てられていく。誰もが怯《おび》えていた。どこから集まって来たのか、数百人の市民が遠巻きに様子を見ていた。彼らのアメリカ兵を見る目は険しい。戸惑い、敵意、複雑な感情がその顔に浮かんでいた。これで町は平和を取り戻すだろう、しかし異教徒が乗り込んで来たのを素直には喜べない。

翌日のフランス軍の上陸では、物陰に潜《ひそ》む民兵との銃撃戦が起こった。しかし、それもすぐに制圧された。

彼らはどうしただろう？

雇った民兵達は「隠れるよ」と言ってどこかに消えたままだ。

取材を続けていると突然、「ハシモト！」と呼ぶ声がした。彼らだった。

「無事だったのか？」

「大丈夫さ。銃を向けられたけれど、日本人のジャーナリストに雇われていると言ったらＯＫさ」

したたかというか、憎めないというか……。

アメリカ軍上陸の二日前、アイディード将軍は市内の自宅でインタビューに応じた。

「飢えで多くの人々が死んでいるのは痛ましいことだ。それが解決されるのであれば、我々は喜んでアメリカ軍を受け入れるつもりだ。決して抵抗はしない」

痩せた小柄な体を大きめの白いカッターシャツに包んだアイディード将軍は、鋭い目の奥に戸惑いをちらつかせながらそう表明した。

外に出るなり、地元紙の記者ハッサンが顔をしかめた。

「すべてはあいつらが引き起こしたことだろう。内戦も飢餓も、あいつらのせいだろう。あれはポーズさ。したたかな奴だ。まっ、この先ひどいことになるだろうね」

半年後、彼の言葉が的中したことを東京で知った。

その後ソマリアの治安維持はＵＮＯＳＯＭ（国連ソマリア活動）に引き継がれていたが、突如、アイディード派が宣戦布告をしたのだ。アイディード将軍は声明を出した。

「我々は、国連による新たな植民地主義には断じて屈しない」

緊張は一気に高まった。そして、一九九三年一〇月、遂にモガディシオでアメリカ軍特殊部隊との壮絶な戦闘が起こった。この戦闘でアメリカ軍兵士一八人が死亡、アイディード派民兵と市民は三五〇人以上、一説では一〇〇〇人が死亡したと伝えられた。そしてその三日後、アメリカのクリントン大統領はソマリアからの全面撤退を発表した。

一九九四年、再び

一九九四年三月、再びソマリアに行った。

モガディシオはすべてがUNOSOMの管理下にあり、とりあえず治安も落ち着いていた。食糧の配給も行き渡るようになり、人々は極度の飢えから救われていた。

あの時固く閉ざされていた家々の門は開け放たれ、日常の暮らしが戻った様子を垣間見ることができる。大きな木の陰では、子供達が手に板と炭のチョークを持ってコーランを学んでいた。

あの少年兵アブドゥとも再会した。少し大人びたアブドゥは、はにかんだ笑顔を見せるようになっていた。

「モガディシオは一定の治安を保っている。アイディード派との対立はあるが、我々は上手くいっていると感じている」

と、アメリカ軍の女性広報官は成果を強調した。本当に上手くいっているのだろうか。

「難しいだろう。国連軍とアイディード派はどうしようもない状態だ」

と、地元紙の記者ハッサンは言う。

通訳のアリは言った。

「地形も問題なんだ。北部はアラブ圏、南部はブラックアフリカに隣り合っている。どちらに国の方向を持っていくのか……、それが内戦の大きな要因の一つだと思う。北部の人間の中にはケニア人のことを〝黒ザル〟と呼んでバカにしている連中もいるからね」

「この国がいったい何処へ向かうのか、まったくわからない。今のソマリアでは、人はただ生きる為に生きている。他の事、例えば未来についてとかを考える余裕はないんだ。だからといって、西洋流の民主主義を押し付けられるのも困るんだ。我々には、我々のやり方があるからね。心の底では皆、そう思っているよ」

◇　◇

それから一年後の一九九五年、難航したUNOSOMは撤収し、ソマリアはまた内戦状態に戻った。内戦の中でイスラム過激派も台頭した。頻発するテロ、襲撃に、一時は援助団体もすべてソマリアから引き揚げた。混乱は続き、二〇一二年に正式政府が発足した後の今も、ソマリアは破綻国家といわれている。

「我々には、我々のやり方がある」

と、彼らは言った。それは尊重しないといけない意見だ。だが、「我々のやり方」という言葉には疑問も感じた。

ソマリアは強い者だけが生き残る社会だ。そして、飢餓で苦しんでいたのは裕福とはいえない人達、女性や子供、老人といった社会の弱者だった。弱い者が置き去りにされる社会。バイドアのテントの中の静寂が物言えぬ人々の苦しみと悲しみで充ちていたことに、今気がつく。

その後も飢餓は多くの物言えぬ人々を苦しめ続けた。二〇一一年の大干ばつでは二六万人が死亡、また二〇一七年には六二〇万人が食糧不足に陥っていると伝えられた。

この途方もない数字が表すあの飢餓の苦しみ。日本からは地球の反対側の遠いアフリカの国からの悲鳴。伝えなくてはいけない、と言ったアレキサンダー・ジョーの言葉は重い。

ボスニア・ヘルツェゴビナ

1994年

狙われた市場

ベッドは血が滲《し》み込んだままで戻ってきた

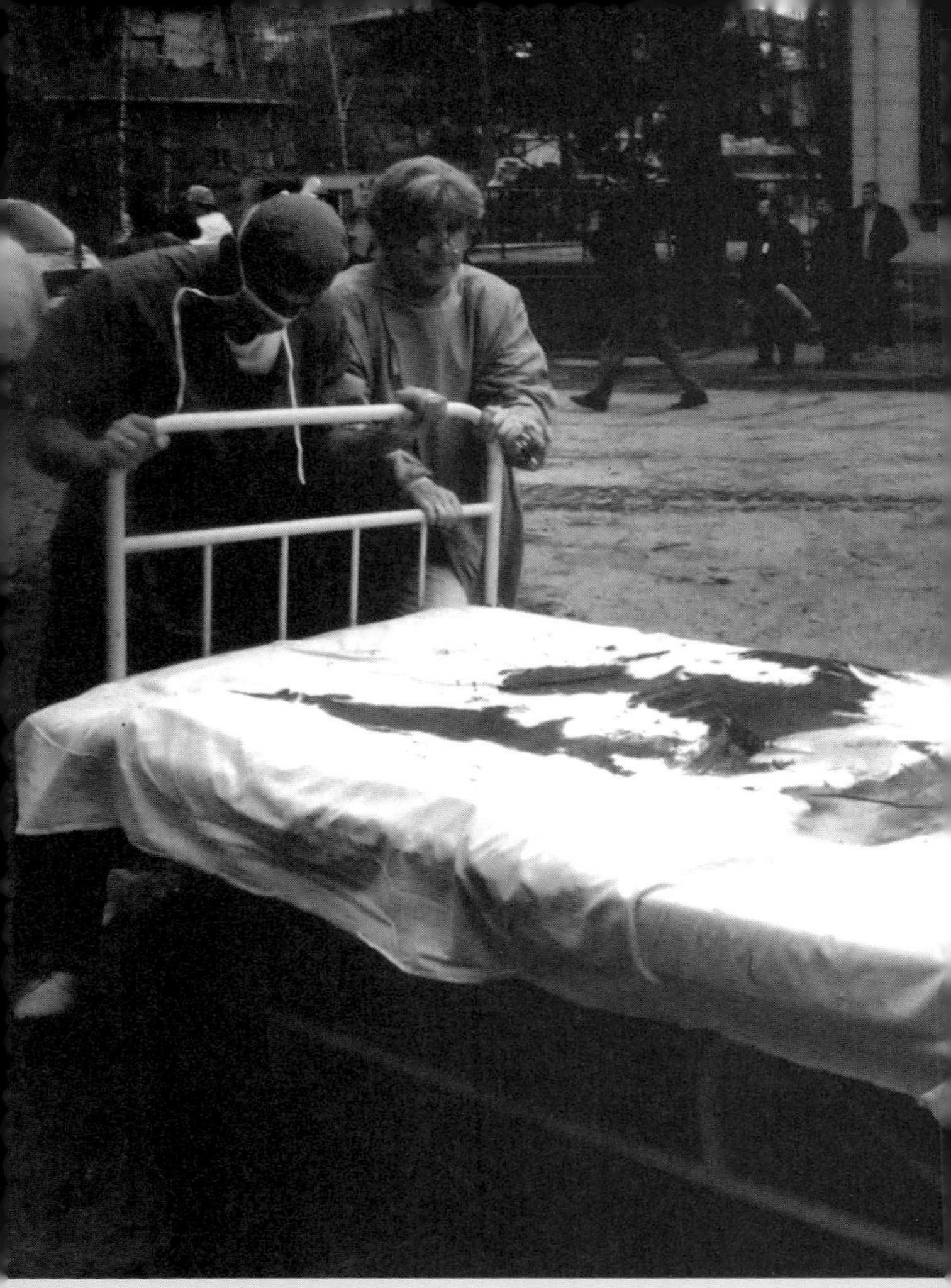

防護壁の下をただ黙々と歩く

どう，人殺しが似合っているだろ？ と，アメルは言った

スナイパーは無差別に人を殺す

ボスニア・ヘルツェゴビナ　1994年

生き抜くために……

新しい墓がどんどん増えていく

戦場の恋人達

小さな女の子が両手に抱えた野菜スープから湯気が上がっていた。真冬の陰鬱《いんうつ》な曇り空が続いていたサラエボに、この日はめずらしく青空が広がり、丘の上の家々までくっきりと見通すことができる。市場の近くの空き地では炊き出しのスープに行列ができていた。

その時突然、空気を張り裂くような凄《すさ》まじい爆発音が市場の方から響いた。市場に走った。

市場のあたりには火薬の臭いと煙が立ち込め、煙の中で喚《うめ》き声や泣き叫ぶ声が飛び交っていた。潰《つぶ》れた台、散乱した商品。そして大勢の人々が折り重なるように倒れていた。人々の腹や胸には金属片のような物が食い込んでいる。路面は倒れている人達の体からどんどんと溢《あふ》れ出てくる血で真っ赤だった。

一人のスカーフを被った中年女性と目があった。彼女の両膝から下は爆風で吹き飛ばされていた。その女性は血溜《ちだ》まりに両手をついて必死に起き上がろうとしていたが、しかし、やがて全身を痙攣《けいれん》させながら地面に倒れてしまった。

カッと眼を見開いたまま動かなくなった女性の傍らには、血に染まったホウレン草がひと束落ちていた。

撃ち込まれた砲弾

その市場には、ほんの一時間ほど前に行ったばかりだった。

市場は人で混雑していた。もう簡単には手に入らなくなった食料品や日用品を求めて多くの市民が集まっていた。

並べられた商品の品数は少なく、どれも驚くほど高価だったが、それでも人々は店頭にわずかに並べられた艶々《つやつや》したパプリカに見とれ、チーズに見とれ、まだ触れれば温かそうなバゲットの匂いに誘惑されていた。

その人混みの中に背後の丘から一発の砲弾が撃ち込まれたのだ。

一発の砲弾は一瞬にして六八人の命を奪い取った。後に「第一次マルカレの虐殺」と名付けられたセルビア人勢力による砲撃だった。

現場にやって来たのは救急車ではなく、ただのトラックだった。

ブレーキを軋《きし》ませながら白い中型トラックが市場の入り口で止まり、運転手があわてて飛び出して荷台を開けた。背中に自動小銃を背負った男達が、次々と負傷者を荷台に運び上げていく。生きているのか死んでいるのかを見分ける時間もない。あのスカーフの女性も襟首《えりくび》と足を摑《つか》まれ、放り投げるように荷台に乗せられた。

次々とやって来たトラックは、どれも負傷者を折り重ねるように山積みにし、黒煙を撒《ま》きながら病院へと走り去って行った。

荷台の隙間《すきま》からは血が滴《したた》り、その血の痕《あと》がトラックの去った後をずっと追いかけていった。

町中に不気味な空襲警報《くうしゅうけいほう》のサイレンが鳴り響いていた。

「地獄へようこそ」

一九九四年一月一五日、クロアチアの首都ザグレブに入り、国連保護軍で記者証をもらった後、ドイツ空軍の輸送機に便乗《びんじょう》してボスニア・ヘルツェゴビナの首都サラエボに入った。

サラエボ国際空港には雪雲が低く垂れこめ、遠くからドーンという砲声が連続して響いていた。管制塔の窓ガラスは砕《くだ》け、風雨に晒《さら》されたままだ。輸送機は援助物資を次々と滑走路に放り出すと、逃げるようにアドリア海へと飛び去っていった。

まさに人っ子一人いない薄暗く寒々とした空港ロビーを通りぬけ、砲弾除けの土嚢《どのう》に囲まれたイミグレーションでパスポートに入国スタンプを押してもらう。

乗ってきた便名は“May be Air Line”。国連保護軍の係官は上目づかいにニヤリと笑った。

「地獄へようこそ」


当時、戦火に焙《あぶ》られたサラエボの様子は毎日のようにテレビで世界中に報道されていた。激しい炎を噴き出しながら燃え上がるインテリジェントビル、暗闇の一点に吸い込まれる真っ赤な曳光弾《えいこうだん》、サラエボはセルビア人武装勢力によって包囲されていた。

武装勢力はサラエボの盆地という地形を利用して、丘の上に大砲を据《す》え、砲弾を市内に撃ちこんでいた。その箇所は約三〇〇か所ともいわれていた。

さらに市内の破壊された建物にはスナイパーと呼ばれる狙撃兵《そげきへい》が潜《ひそ》み、市民を無差別に狙撃していた。

サラエボの人々は逃げ道もなく、ライフラインも完全に止まった町で、二四時間、砲撃や銃撃の危険に晒されていた。テレビには銃弾を避けて、必死で通りを駆け抜けて行く人々の様子が映っていた。

サラエボの状況はまさに地獄だった。

ボスニア・ヘルツェゴビナの紛争は、旧ソビエト連邦崩壊の波がバルカン半島の国々に及んだことから始まった。五つの民族集団の共存というユーゴスラビア連邦の抱えていた問題がにわかに噴出したのだ。

一九九一年六月、スロベニアとクロアチアは連邦離脱を表明したが、それに反発したのがクロアチア領土内に住む約六〇万のセルビア人だった。

クロアチア国内ではクロアチア人とセルビア人の対立が、互いに武器を持っての戦闘に発展した。そこで事実上連邦宗主国でもあったセルビアは、連邦軍を本格的にクロアチアに軍事介入させた。しかしクロアチア軍も激しく抵抗し、紛争はしだいに膠着《こうちゃく》状態となっていった。

そこに今度は、ボスニア・ヘルツェゴビナが議会で連邦離脱を決めたのだ。

ボスニア・ヘルツェゴビナにはボシュニャク人(イスラム系)、セルビア人、クロアチア人の三つの民族が住んでいた。ボスニア・ヘルツェゴビナの連邦離脱だけは何としても阻止したかったセルビアのミロシェビッチ大統領はそこで一転、紛争相手であるクロアチアのツジマン大統領に裏取引をもちかけた。それはボスニア・ヘルツェゴビナの分割案だった。そしてボスニア・ヘルツェゴビナにセルビア軍が送り込まれ、ボスニア・ヘルツェゴビナ国内に住むセルビア人の中の狂信的な民族主義者達もセルビアと歩調を合わせた。

こうして国は割れ、ボスニア・ヘルツェゴビナは内戦に突入した。昨日まで同じ国の隣人同士だった者達が銃を向け合うという悲劇の始まりだった。

スナイパー通り

空港から保護軍の本部まで行く装甲車《そうこうしゃ》の中、小さな窓から外を覗《のぞ》くと、目に飛び込んでくる建物のほとんどは破壊されていた。乗り捨てられた車にも無数の弾の痕《あと》が刻まれている。徹底的に砲撃され、たたき壊された町。

本部からホテルまでは、セルビア人スナイパーがスコープを覗きながら〝獲物〟を待ち構える、通称〝スナイパー通り〟をタクシーで行く。ドライバーが命賭《いのちが》けで客を運ぶチキンレースの料金は四〇〇ドル。それをフォトグラファー達は〝マシンガンプライス〟と言っていた。

世界一危険なタクシーは、アクセルをいっぱいに踏み込むと新市街の大通りを突っ走った。

ボスニア・ヘルツェゴビナ　1994年

錆《さ》びた線路に一両の路面電車が置き去られている。街は死んだように動きがない。

唯一営業しているホテル〝ホリデー・イン〟には何人かのジャーナリストが泊っていた。ホテルの部屋は、電気も水道も暖房もすべて止まっているが、食事が付いて一日六五ドル。フロントでチェックインしている間もホテルの外ではドーンという重い砲撃の音が絶え間なく響き、その度に建物の窓ガラスが音を立てて震える。ここは最前線なのだ。

そこに同僚のフォトグラファー、パトリックが取材から戻って来た。

「君に伝えるGood NewsとBad Newsがある」

脱いだヘルメットとフラックジャケットをドサリと手渡しながら彼は疲れ切った顔で言った。

「Goodは君が来たから僕が生きてパリに帰れること。Badの方は取材用の装甲車が今朝盗まれたってこと。だから君はこれからサラエボ中を自分の足でカバーするしかない。奴らの頭はいかれているから撃たれるなよ！」

こうして通訳のジョンと二人でのサラエボを歩き回る毎日が始まった。

市内に行くには、まずホテルの前の幅一〇〇メートル程の通りを走って突っ切らなければならない。毎日ジョンと二人で息を切らせながら思い切り走った。足をもつらせながら通りを突っ切ると、二人で激しく咳《せ》き込みながら瓦礫《がれき》の影にへたり込むのだった。

セルビア人スナイパーはこの通りを二四時間監視し、渡る人間の動きに目を光らせては気まぐれに撃ってくる。まるでゲームを楽しむかのように、彼らはスコープを覗いているのだ。やはり狂気としか思えない。実際にある日、顔なじみの現地通訳が撃たれて右わき腹貫通の重傷を負った。

ジョンは元オランダ軍の兵士で、サラエボには国連保護軍の一員としてやって来たという。そのサラエボで彼は一人の女性と運命の出会いをし、恋におちた。そして任務が終わった時、ジョンは彼女の為にここに残る決心をした。彼女が病気の父親の看病でサラエボを離れることができなかったのだ。体はいかついが、はにかむような笑顔の誠実な青年だ。

古都サラエボは美しい町だったのだろう。

丘の中腹まで登ると市内が一望できた。古い建物に混じってキリスト教会やモスクが見える。旧市街の方にはまだ建物が残り、平和な頃のサラエボの様子が想像できた。ここでは三つの宗教が互いを認め合い、共存しながら暮らしていたのだ。

丘から旧市街へ下り、薄赤色の低い屋根の店が軒を連ねるバシュチャルシアバザールの石畳を歩く。すべての店舗の扉は閉まり、聞こえて来るのは砲声だけ。誰一人すれ違わない通りをゆっくりと歩いていき、セビリ(水飲み場)の石に座った。一月の冬空はさらに冷え込んできた。灰色の空から綿雪がふわふわと落ちてきては融《と》け、石畳を濡《ぬ》らす。近くのスピーカーから間延びしたアザーン(礼拝の時刻を知らせる合図)が聞こえてきた。祈りの時間だ。

大通りに出た。道の片側に沿って大きなコンクリートの壁が作られている。うっすらと降り積もる雪の中、人々はただ黙々と歩いていた。コートやジャンパーの襟を立てた男性、スカーフで顔を包んだ女性、皆、何かを押し殺したように無表情だ。これまでにこんな沈鬱《ちんうつ》な町を見たことがあっただろうか――。壁一面に描かれた翼を生やした少女のシュールなイラストがじっと道行く人々を見つめている。

ときおりパーンという銃声音が建物に反響した。だが、もはや銃声音ぐらいでは誰も驚かない。銃声が鈍い機関砲の連続音に変わった。その途端、目の前の若い女性がさっとコートの裾をひるがえして通りの角を走り抜けた。

一人の中年男性が声をかけてきた。

「ここは危ないのであのモミの木の下に座って少し話をしませんか」

耳あての付いたこげ茶の帽子を被ったその男性は、ゆっくりとした英語で話し始めた。

「友人達と、とりとめのない話をしながら、ラキア酒をショットグラスで何杯もあおるんだ。ラキア酒を知ってるかい？　プラムの甘さが口の中いっぱいに広がるんだ。それから、アドリア海で獲れた手長海老のオリーブオイル揚げ。手が油だらけになるけどね」

過ぎ去ってしまったそんな日常の風景。

「あの頃を思い出すだけで胸がいっぱいになるんだ」

名前も職業も明かさなかったが、彼は遠い国からやって来た人間に平和な頃の美しいサラエボの日常の一コマを教えたかったのだろう。

「なぜこんな事になってしまったんだろうね」

彼は「なぜ?」を絞り出すように繰り返した。

「人間は狂うんだね。なぜなんだろうね――」


長い坂を上がって行くと、一人の少年が乗り捨てられた車のボンネットの上に使い捨てライターやビスケットなどの僅《わず》かな品物を乗せて売っていた。少年がジャンパーのポケットに両手を突っ込み、ボンネットに寄りかかりながら話しかけてきた。

「フォトグラファーなの？　どこから来たの？　これ買ってくれない？」

と、ライターを差し出した。

彼の父親は林業の仕事をしていたが、今は失業中だという。

「毎日パンとスープばかりだよ」

ボスニア・ヘルツェゴビナ　1994年

町の食糧配給所。

一人の男性が声をかけてきた。

「日本人？　知ってるよ。ヤスシ・アカシ(明石康・旧ユーゴ問題担当国連事務総長特別代表のこと)は日本人だよね。今日はパンと小麦と牛肉の缶詰がもらえたから御馳走だよ。ロウソクの灯りでの食事も慣れればいいものさ」

男性の年齢は六〇歳ぐらい、小脇に食糧の入った袋を抱えている。

「さあ、急いで帰らなきゃ。妻が心配するからね。きっと話している今もこの町のどこかで誰かが撃たれている。ひょっとしたら次は自分の番かもしれない。運命のルーレットが回っている」

彼は別れを告げ、四つ角まで行くともう一度ふり返り、手を振った。

無差別

小さな公園にある湧水にはポリタンクを持った人々が水を汲《く》みに集まっていた。順番を待つ間、どの顔も不安そうに空や辺りの建物を見上げている。人の集まる場所がいちばん狙われるからだ。

順番を待つ列の中に一人の少年がいた。少年はミハイロといい、家は一キロ程離れているという。水を入れるとポリタンク二つはかなりの重さになった。

「でも、慣れたからもう平気さ！」

と、ミハイロはマメが潰《つぶ》れて硬くなった手のひらを目の前にかざした。

彼は水汲みの他に、近くの丘の雑木林に分け入って薪拾《たきぎひろ》いもするという。

「木の葉が落ちた冬はスナイパーから丸見えになるからとても危ないんだ。降り積もった枯葉を踏む音や枝を折る音もね。いつもどきどきしながら集めているんだ」

この少年も紛争が起きるまでは毎日学校に通い、友達と遊んだり、時には喧嘩《けんか》したり、そんな日々の暮らしの中にいたはずだ。まさか一杯のスープのために命を賭けることになるとは想像もしなかっただろう。

市内の廃墟《はいきょ》になった建物に潜《ひそ》むセルビア人スナイパー達は、街ゆく人々を標的にしていた。まさにそれは、市民を狙った無差別殺人だった。

この日も、旧市街の一画の古い建物の入り口で三人の男女が犠牲になった。人が集まって人垣を作っているので行ってみると、人が撃ち殺されていた。殺された男性の額にはライフルで撃ち抜かれたような穴が開いていた。傍らの頬がこけた年配の女性は口を開けたまま死んでいた。

「殺人鬼!」

と、ボシュニャク人の中年男性が言った。

「撃たれるか、撃たれないかはスナイパー達のまったくの気まぐれさ。奴らのその時の気分次第なんだ。スコープを覗きこんで映る標的に引き金を引くか止めるか、自分の揺れる心を遊んでいるのさ。相手が母親のような歳の女性だろうが子供だろうが平気なのさ。若いカップルの一人だけを撃って残された方が泣き叫ぶのを見ていたりするんだ。奴らはいかれている。俺達はたまたま奴らの眼にとまって撃ち殺される。それを運が悪かったというしかないんだ」

この現実の世界で、何処かに潜む殺人鬼。やはり、背筋が凍りつく。


ある日、ジョンと歩いていると、一軒の小さなバーが開店しているのを見つけた。入ってみると、狭いカウンターの端に置かれた大きな砲弾が目についた。それはツルツルに磨かれ、ロウソクの灯りに照らされていた。

「店によく来る酔っ払いがたまたま拾って、飲み代の代わりに置いていったんだ。今のサラエボにはぴったりの置物だろ」

と、店の主人は自分達の頭の上に落ちてくるかもしれなかった砲弾を愛しそうに磨いた。

酒は内戦が始まってあっという間に消えてしまったが、店の常連達が何処からか手に入れて持ち込んでくるのだという。ここのイスラム教徒の中にはけっこういける口も多いらしい。

そんな話をしながら強い酒をチビチビと舐《な》めていると、ドアが開いて三〇歳くらいの若い女性が一人で入って来た。

彼女は、ラキア酒のショットグラスを注文してじっとカウンターを見つめていたが、やがて意を決したようにこちらに声をかけてきた。

「あなたはフォトグラファーなんでしょ」

彼女はカウンターに置いたカメラに目をやった。

「もし余った電池があったら何本かいただけませんか」

ジョンは少し不審に思ったようだった。こちらに目配せをして断《ことわ》れと言っている。

「残念ながら仕事に使うので」

と断ると、彼女は頷《うなず》き、自分のことを話し始めた。

彼女の名前はヤドランカ、クロアチア系のボスニア人だと言った。二年前まで旧市街にあった図書館に勤めていたが、砲撃で図書館も図書館の本もすべてが燃えてしまったという。

「この先この国がどうなっていくのか、とても不安なの。不安で寝られない時、ラジオでもいいから音楽をたまらなく聴きたくなるの。でも電池が切れて、ラジオを聴くこともできない――」

しばらく考えて、彼女に六本の電池を渡した。話の真偽はわからなくても、それが今の彼女に必要なのは確かだった。

物資や武器の横流しなどで儲けようとする連中もいると聞いたが、住民は皆、食べるのがギリギリの暮らしの中、節度を保ってじっと毎日の暮らしに耐えていた。町で出会った人達は皆、命の危険にさらされ、先の見えない不安を抱えながらも、〝今〟を生き抜こうとしていた。

裏通りで、厚手の黒いコートにソフト帽の良く似合う立派な身なりの老紳士がゴミの山を物色しているところに出くわした。包囲によって外からの生活物資が途絶え、餓死する人も出ている今、生き抜くためにはゴミを漁ることなど恥ずかしいことではない、と思いながらも、その光景には胸を衝かれた。とても声をかけることなどできなかった。

そんな人々を守る為に兵士に志願した若者も多い。

サラエボ空港近くの最前線で一人の兵士の話を聞いた。

水が溜まりぬかるむ塹壕《ざんごう》から、眼鏡をかけたおよそ兵士らしくない青年が両手でライフル銃を抱えて出てきた。アメルというその青年は、サラエボ大学を休学中だと言う。

「ぼくはどうしようもない奴だったんだ。大学で勉強もせずに女の子ばかり追っかけていた。でも内戦が始まって家族や友人達の命が危なくなり、兵士に志願したんだ。射撃が得意なので、この〝たこつぼ〟に潜ってセルビア人を狙っているのさ。どう、人殺しが似合っているだろ？」

そう言うと、アメルは銃を構えてポーズをとった。そしてきれいな英語でこう続けた。

「でも、平和になっても、もう勉強には戻れないかもしれない。銃を撃つたびに勉強したことが一つずつ消えて行くんだ」


ホテルから三〇分ほど歩いた丘の中腹にコシェヴォ病院はあった。

古い建物が二棟並び、手前の棟の一階に救急患者を受け入れる緊急処置室があった。

五人の医師と一〇人ほどの看護師が手術着を着たまま待機していたが、次々と負傷者が運ばれてくるのを見ると、一息つく余裕もないであろうことがよくわかる。彼らの手術着は血で真っ赤に汚れたままだ。

いきなり、バーンと処置室のドアが開いてストレッチャー代わりのベッドが表に引き出された。二人の医師がベッドを押しながら保護軍の装甲車に向かった。

運ばれてきたのは中年女性だった。力なく手をだらんと垂らしたその女性は兵士によってベッドに移された。背中からは血が滴《したた》り落ちている。たちまちベッドのシーツは血で真っ赤になった。現場は一刻を争って緊迫していた。女性を運び込んだベッドが先ほどの真っ赤な血が滲《し》み込んだままのシーツで、あわただしく戻ってきて次の負傷者に向かった。

処置室の手術台で先ほど運ばれた女性が必死の心臓マッサージを受けていた。大きな声が飛び交い、力を込めて胸を押されるたびに彼女の全身が激しく揺れた。しかし、心臓の鼓動は戻らなかった。女性の見開いたままの眼が天井を見ていた。

また一つの命が失われた。

医師はくたびれ果てたように椅子にぼんやりと座って、壁を見つめていた。看護師が険しい顔で床の夥《おびただ》しい血溜まりをモップで掃き出していた。

ここでは、勝手に写真を撮っているフォトグラファーに注意を向ける余裕など誰一人ない。

真新しい墓がどんどん増えていく

病院の遺体安置所は少し離れた所にひっそりとあった。

先ほどの緊迫感が遠い世界の事のように、そこは静まり返っていた。階段の軋む音にさえ慎重になる。

ドアを開けると、いきなり遺体が横たわっていた。見回すと白いタイルの床に四〇体ほどの遺体が並べられていた。

曇りガラスの窓から僅かな外光が入るだけの冷たい薄暗い部屋は、消毒液の匂いと血の匂いが混ざり合った〝死の世界〟だった。

遺体は、その死の瞬間のままの姿で冷たいタイルの上で眠っていた。

部屋の中に一組の父と息子がいた。泣いていた。

父親は腰をかがめて、横たわる妻の頬を慈しむように撫で続けている。

〝死〟は取り返しのつかない事なのだ――という想いがあらためて心をよぎった。戦争という殺人を運命という言葉で片づけることはできない。


一九八四年にサラエボで冬季オリンピックが開催された。その時のメインスタジアムは掘り返されて今は墓地になっていた。次々に新しい墓が作られているのだろう、墓地のあちこちに真新しい土盛りが見られる。

平和のための祭典であるオリンピックのレガシーは、今、内戦によって死んでいく人々のための墓に変わっていた。

埋葬は早朝か夜中に行われるという。死者の埋葬に集まった人々でさえ標的にされてしまうからだ。

フェンスのところに小学生の少女がたった一人でポツンと立っていた。黄色のセーターに白いズボンのまだ幼さが残る少女だ。

「ここは危ないよ」

と、声をかけた。

少女は黙ってこちらの顔をじっと見返していたが、小さな声で「お父さんとお母さんがここにいるの」と言うと、恥ずかしそうに肘で顔を隠してしまった。

戦争は、まだ親に甘えたい幼い子供からも平気で親を奪っていく。


ドドドッ、機関砲の短い連続音が聞こえ、真っ赤な曳光弾が一筋の赤い軌跡を残しながらミラー張りの高層ビルの窓に跳ね返った。

ホリデー・インホテルの外に屯《たむろ》していたボスニア政府軍の兵士がタバコをなげ捨てて言った。

「今夜も始まったぜ。セルビアのクソ野郎達。カラジッチ、ムラジッチの夜のプレゼントさ。見ていろよ。今からいっぱい飛んでくるぜ!」

サラエボ包囲を指揮していたのは、ラドヴァン・カラジッチというセルビア人の精神科医だった。背後にはセルビア共和国があった。カラジッチはセルビア人勢力を組織し、「イスラム教徒達の頭がおかしくなるまで砲弾を叩きこめ！」と、指示を出した。それを実行したのがムラジッチ将軍だった。

これは〝民族浄化〟という考えだが、複数の民族が共存する地域ではふとしたきっかけでこういう〝民族主義〟が表面化し、悲劇が繰り返されてきた。

今回、攻撃を加えているのはセルビア人だが、過去にはそのセルビア人が〝民族浄化〟の的になった事もあった。第二次世界大戦時、クロアチア人によるセルビア人大虐殺が行われたのだ。当時クロアチアは「セルビア人の三分の一を殺し、三分の一を追放し、三分の一をカソリックへ改宗させてクロアチア人にする」と宣言した。

そういった歴史の怨念の火種は、ある時突然に爆発する。今回、ボスニア・ヘルツェゴビナはその爆風に巻き込まれてしまったのだ。

窓の外からは深夜になってもひっきりなしに機関砲や砲撃の音が聞こえていた。今にも弾が飛びこんできそうな真っ暗な暖房もないホテルの部屋でじっと眼を瞑っている夜は長い。

眠れぬままにその日出会った人達のことが頭に浮かんで来る。

その日は若い恋人達に出会った。出会ったのは旧市街の路地。道の真ん中で互いの体に腕を回し見つめ合う光景は、映画のワンシーンのようだった。

「戦場の恋だね」

と、声をかけると、青年は高揚《こうよう》した顔をこちらに向けた。そして、美しい彼女との事を話し出した。

「素晴らしいだろう、彼女の瞳。生きている喜びだよ。誰だってこんなサラエボからできることなら逃げ出したいけど、みんな行くあてもなく、なすすべもないんだ。でも、彼女さえいてくれればいい。僕達には希望がある。こんなことがいつまでも続くはずはないんだから、希望を持つことが大切なんだ」

二人は今、お互いだけを見つめ合っていたいのだ。

しかし、こういう幸せな恋人達がスナイパーのいちばんの標的にされる。

「気をつけて、幸せにね」

と、何度も繰り返して二人と別れた。

〝戦場のピアニスト〟にも出会った。

やはり旧市街の路地を歩いていると、くすんだ色の建物の四階あたりから、ピアノの音が石畳に漏れてきた。誘われるように薄暗い階段を上がって行くと、一室で少年がグランドピアノに向かっていた。一心に指が鍵盤を拾っている。脇には、じっと腕を組んだまま聴きいる女性教師がいた。

彼にも希望があった。いつか国際コンクールに出たい。彼は一日一〇時間、ピアノのことだけを考えているという。

彼の希望と心の叫びを乗せて、ショパンのピアノ曲が街に流れていった。今のこの街で聴くショパンの調べは、よりいっそう激しく切ない。


サラエボに滞在した二〇日間、ジョンと二人で朝から夕方まで毎日サラエボ中を歩き回った。途中疲れると腰を下ろして話をした。

その日、旧市街の端のベンチに腰を下ろしていると、ジョンがいきなり質問してきた。

「あなたは今までに飢えた経験はある?」

「ないよ。飢えたことは生まれてから一度もないけれど、アフリカのソマリアなどで飢えた人々を目の前でたくさん見てきた。そんな人々を撮ってきた。僕の仕事は飢えたり困窮したりしている人を撮って、明日の糧《かて》を得る仕事なんだ。つまり飢えた人々から養ってもらっているんだ」

そう答えると、いつも物静かなジョンが弾けるように大声で笑った。

実際、それは飢えや困窮の現場で取材をするたびにいつも思うことだ。所詮は外からやって来て、また外に帰っていく他所者《よそもの》なのだ。


サラエボを離れる前夜、ジョンとホテルで別れた。

「元気で。撃たれるなよ!」

別れの言葉は、やはりこれしかなかった。

ジョンが夜のスナイパー通りを走って帰って行く。ずっと見えなくなるまで彼の姿を見送った。月の光がジョンの後ろ姿を照らしていた。

◇　◇

サラエボ包囲は一九九二年四月から一九九六年二月まで続いた。この包囲によって一万二〇〇〇人以上が殺害され、五万人以上が負傷した。そしてその八五パーセントが市民だった。

また、ボスニア・ヘルツェゴビナ全土に目を向けると、セルビア人に占領された地域では非セルビア住民への攻撃、そして大虐殺が行われた。

このサラエボ包囲、大量虐殺などの人道的犯罪について、国際法廷はセルビア人指導者たちの有罪を認め、カラジッチは、紛争から二〇年後の二〇一六年、禁錮《きんこ》四〇年の判決を言い渡された。

ボスニア紛争は、第二次世界大戦後のヨーロッパにおいて最も残虐《ざんぎゃく》な紛争だった。

紛争はなぜ起きてしまったのか。

元々、ボスニア・ヘルツェゴビナでは、人々は共存しながら平和に暮らしていた。異民族同士の結婚も当たり前だった。だから、隣の国で紛争が起きた時も、まさか自分の国で民族紛争が起こるなどとは大方の住民は思いもしなかったのだ。

しかし、その平和な国で民族は対立した。そこには、人々の民族感情を利用して社会問題に対応しようという、周りの国をも含めた指導者達の思惑が絡《から》んでいた。市民はスケープゴートにされ、指導者達によって〝美しい国〟は〝地獄〟に変わった。

人が帰属するのは国なのか、民族なのか。

ボスニア紛争でも、ボスニア政府軍として戦ったセルビア人はいた。しかし、多くの人間が、ひとたび紛争が起こると、民族としての自分の血に動かされ、それは一気に〝民族浄化〟の嵐を巻き起こしていったという。そしてその嵐の中で殺人に加担した者達は、二〇年を経た今も、「あれは何だったのか?」という自問に答えを見つける事ができないまま、人を殺したという記憶と共に生きているのだ。

平和が戻り、観光客で賑わう美しい街に復興したサラエボ。しかし、そこに暮らす人々の心の奥底には、今も、紛争の傷痕《きずあと》が沈殿《ちんでん》している。

紛争の検証が行われ、後に色々な告発もなされた。だが、どちらが悪いといくら言い合っても、死んだ人間の命は戻らない。人を殺したという事実は消えない。

「なぜなんだ?」

あの時、紛争の嵐に呑みこまれ、生と死の狭間で生きていた人々の声は、今もはっきりと耳に残っている。〝懐かしい〟という言葉を使うことはできない。

南アフリカ

1994年

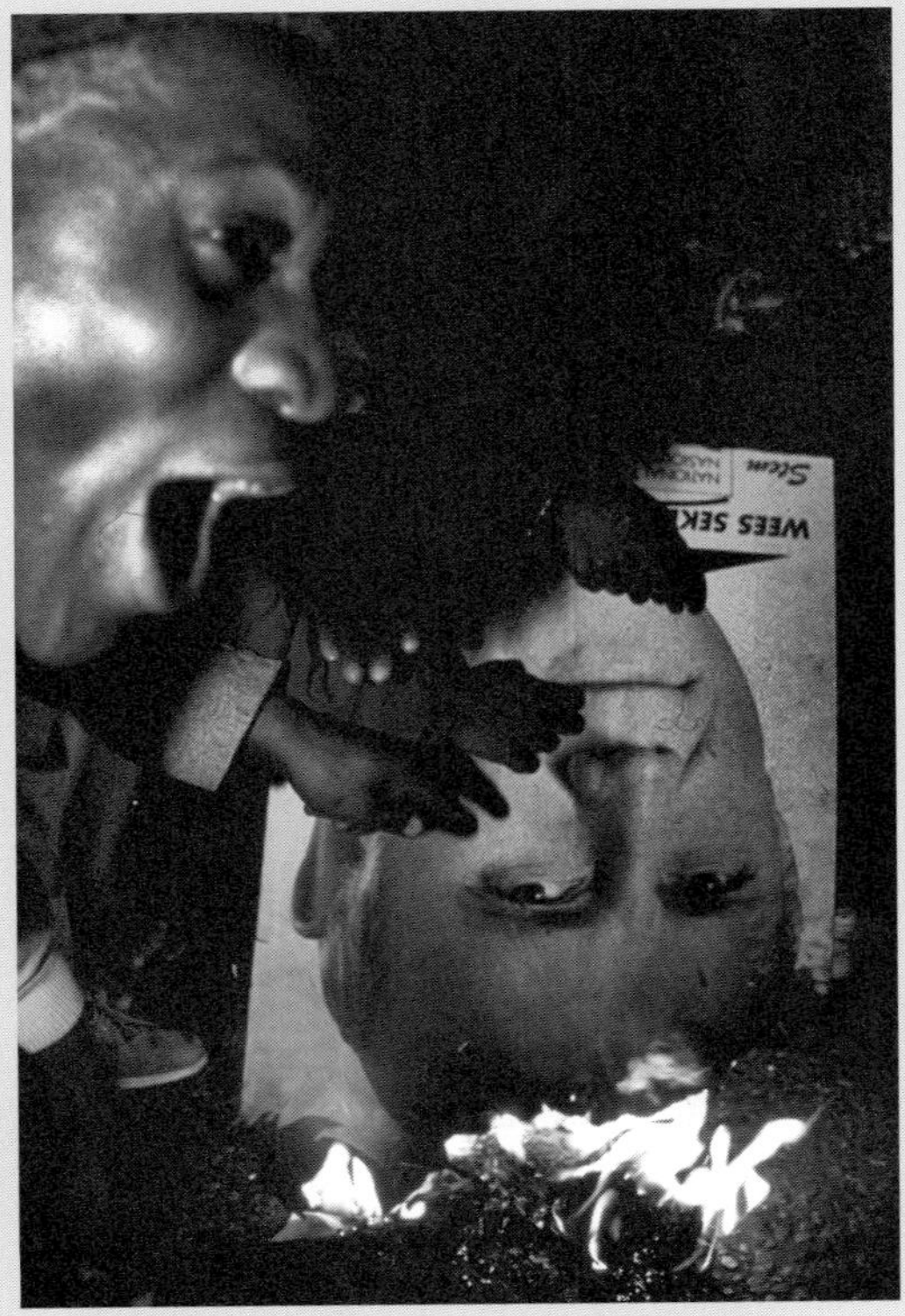

白人支配の終焉(ヨハネスブルグ)

差別撤廃に取り組んでいたスーザンは夢半ばで命を奪われた
（ヨハネスブルグ）

DER STRUYS

新しい国旗が夜空に揚がった(プレトリア)

待ちに待った投票日(ソウェト)

南アフリカ　1994年

ソウェトの子供達

老人はただ黙って変わってゆく街をゆく(ヨハネスブルグ)

もう少しまともな生活ができれば……とピコさんは言った
（ソウェト）

南アフリカのアパルトヘイトという人種隔離政策《じんしゅかくりせいさく》の時代を目撃したことはない。本や映画で知っただけだ。

それは肌の色だけで人間が当然のように差別された時代だった。南アフリカの黒人の長い忍耐の歴史だ。しかし今(一九九四年)、南アフリカはその歴史から新しい一歩を踏み出そうとしている。その瞬間を自分の目で確かめたいと思った。

ビバッ! マンデラ

一九九四年四月、南アフリカの首都プレトリアの国会前。夜空にゆっくりと上がっていく新しい国旗を、肌の色の違う人々が互いに肩を抱き合いながら静かに見つめていた。

明日、南アフリカは、歴史上初めての全人種参加による総選挙の投票を迎える。新しい旗の六色には白人も黒人も同じ人間として一つの社会に生きよう、という人々の願いが込められていた。

真新しい国旗を見つめる穏やかな笑顔、目に涙を滲《にじ》ませる人。人々の胸に去来する万感の想いがその表情から伝わって来る。

　アフリカ大陸最南端の国、南アフリカ。大航海時代のポルトガルが基地としたケープタウンにオランダ系移民がやってきたのは一七世紀後半だった。移民達は現地の黒人を使って大農園を経営した。そこに一九世紀になると、金やダイヤモンドの鉱脈を狙ってイギリス人が到来、ケープ植民地の支配はイギリスに移った。そしてオランダ系移民達は追われるように奥地に大移動し、銃の力で次々と黒人達の土地を征服していった。土地を奪われた黒人達には、安い賃金で農場や鉱山で働くという道しか残らなかった。また、この安く使える労働力を確保しようと白人達は勝手な法律を作っていく。その後の南アフリカの白人の繁栄を支えたのはこの不平等な法律だった。

　本格的なアパルトヘイトは一九四八年に確立され、居住地、学校、出入りする場所のすべてが白人とそれ以外に区別された。黒人の貧困の上で、白人は立派な邸宅をかまえ、何不自由のない生活を送っていたのだ。

　黒人達が黙っていたわけではない。黒人達の抵抗運動の歴史も長い。

アフリカ民族会議（ANC）は、最初の人種差別法ができた後の一九一二年から続く民族解放運動の草分けといえる組織だ。一九五〇年代からは、その青年組織が大衆運動を展開していった。ネルソン・マンデラはその若きリーダーの一人だった。

茨《いばら》の道の闘争。政権は全ての反政府運動を非合法とし、一九六二年、マンデラ達は投獄された。しかし、人々は獄中のマンデラをシンボルに、果敢《かかん》に白人政権との戦いを続けていった。

そんな中で一九七六年、ヨハネスブルグ郊外の黒人居住地〝ソウェト〟で起きた学生による抗議デモは、警察の発砲から暴動となり、多数の死傷者を出した。犠牲者の中には一三歳の黒人少年もいた。この事件は世界に配信され、世界中からアパルトヘイトに対する抗議の声が強まるきっかけとなった。そして次第に南アフリカは国際社会から孤立していく。南アフリカ製品の不買運動などの抗議活動も世界中に拡がっていった。

それでもアパルトヘイトを続けた南アフリカだったが、とうとう一九八九年、大統領に就任したフレデリック・デクラークによってアパルトヘイト撤廃に向けての改革が進められることになる。

一九九〇年、ネルソン・マンデラは二七年間もの長い獄中生活から釈放され、そして翌一九九一年、アパルトヘイトの全廃が宣言された。

もちろんその後、すべてが順調に進んだわけではない。黒人の間にも多くの対立が生まれ、多くの犠牲者が生まれた。だがマンデラはその度に人種の融和を訴え、新しい南アフリカへの希望を訴え続けた。

そして今（一九九四年）、長い闘争の歴史を経て南アフリカは初めての全人種参加による選挙を迎える。黒人大統領誕生、その期待が闘士ネルソン・マンデラに託されていた。

ヨハネスブルグの郊外のスタジアムでＡＮＣの集会が開かれた。チャーターしたバスで次々と到着する人々。バスから降りるといきなり踊りが始まった。カラフルな民族衣装の人々が腰を落としてゆっくりと体をくねらせ、踊りながら行進して行く。ライオンや豹《ひょう》の皮を被った集団、腰に布を巻いた姿で槍や弓を振り上げる人々。ヘルメットを被っているのは鉱山労働者だろうか。歌声も湧き起こり、行進はまるでショーを見ているようだ。すでにスタジアムに入りきれない人々で外は埋めつくされている。

そしてマンデラの登場。スタジアムの外からも内からも〝ヴォー〟という大歓声が上がった。太鼓が打ち鳴らされ、人々が立ち上がって手を振りながら叫ぶ。

「ビバッ！　マンディーラ！」


後日ダーバンで開かれた集会では、マンデラの顔をひと目見ようと集まった数は一〇〇万人と発表された。まったくざっくりの数字だ。

会場の公園に続く道では反アパルトヘイトの歌だという〝マネンバーグ〟が響き渡り、ここでも色とりどりの服に身を包んだ女性達が低く腰を落とし、指でリズムを取りながら歌い歩いている。手に手に槍を持ちながらやって来る集団は、遠い先祖の誇りと勇気を見せつけているようだ。老いも若きも男も女も、会場はまるでミツバチの巣のようなうなりと熱気で沸き立っていた。

人の波をかき分けかき分け、泳ぐようにして演壇の近くまでたどり着いた。

「今日はありがとう」

マンデラは、顔中を皺《しわ》だらけにした笑顔で聴衆に拳を振り上げた。それに応えて聴衆も拳を振り上げ、「ビバッ！　マンディーラ！」の大合唱が起こる。

望遠レンズのフレームいっぱいにマンデラの褐色の笑顔が広がった。深い皺の一本一本に刻み込まれた苦難とそれに立ち向かった不屈の闘志、力強くて温かい笑顔だ。

マンデラは演説の最後に言った。

「Better life for all(全ての人々により良い人生を)」

自分達だけの幸福ではなく、すべての人が認め合い助け合う社会を創ろう……、この短い言葉には、マンデラの崇高《すうこう》な理念が込められている。

絶望の中で

集会での興奮と熱狂に比べ、ヨハネスブルグの日常は、荒廃とも感じられるほど寒々しかった。アパルトヘイト廃止が決まると、ヨハネスブルグの繁栄を作っていた白人達は潮が引くようにこの町から郊外へと逃げ出し、白人だけのミニ社会を創った。高層ビルが立ち並ぶビジネス街から町の活気は消え、人通りも少なく、一人で歩くのは危ないといわれる町に変わってしまっていた。失業して時間を持て余した黒人達が、ビルの壁に寄りかかって一日中ぼんやりと過ごしている。彼らの頭上に失業率六割という現実がのし掛かっていた。

「何が喜望峰だ！　絶望だろ」

と、一人の黒人青年が通りかかった白人の老人に乱暴な言葉を浴びせた。老人は一瞬、大きく曲がった背中を伸ばすようにして立ち止まったが、そのまま何も言わずに歩き去った。

互いに思うことは多いのだろうが、互いに理解し合うのは難しい。アパルトヘイトが廃止されても、白人と黒人が普通に混じり合って共に暮らす社会の実現はまだまだ遠い。


差別意識はどうして生まれるのか。

生まれ育った北九州での子供の頃の差別の記憶。

大きな道をはさんで子供達は石を投げ合った。〝部落差別〟という、親から子、子から孫へと受け継がれた差別意識が涸《か》れることのない地下水脈のように地域を流れていた。

そして子供達はあらゆる差別を口にした。

子供達から〝アホウ、アホウ〟と笑い囃《はや》されていた一人の青年がいた。ある夏の暑い日、その青年が母親と二人で重いコメ袋を担いで行商しているのに行き会った。黙って歩いてゆく二人の後ろ姿は子供の目にも寂しげに見えた。その光景は〝遠い夏の日の記憶〟として、大人になってからも心の片隅に残り続け、そして時々チクチクと抜けない棘《とげ》のように心を刺した。

一九九四年四月のその日、ＡＮＣの事務所が爆破されたという第一報が飛び込んできた。駆けつけると、現場の一〇階建てのビルは、窓ガラスがすべて粉々に砕け散っていた。ビルの前で二、三台の車がひっくり返り、散乱したガラスの上に吹き飛ばされた黒人男性の片足が落ちていた。車による爆弾テロだ。

そのテロの九人の犠牲者の中にスーザン・キーンという若い白人女性がいた。南アフリカ生まれのアフリカーナーである彼女は、黒人活動家達と共に精力的に差別撤廃運動に取り組んでいたのだ。

スーザンの葬儀。顔が隠れるほどの花に埋もれ棺に納められた彼女の顔を、母親が愛おしそうに手で撫でていた。

葬列が墓地へと歩き出し、大勢の黒人達がスーザンの棺の後ろに続いた。彼らの歌う悲しい歌声が空に昇っていった。

その日、教会の前で偶然とらえた光景がある。一人の白人少女が黒人の男の子の頬にキスをしたのだ。無邪気な戯れだったが、ほっと心が和んだ。

それは、かつてアメリカの公民権運動の先頭に立ち凶弾《きょうだん》に倒れたマルチン・ルーサー・キング牧師の名スピーチを思い出させた。

「私には夢がある。私の四人の小さな子供達が、肌の色ではなく、内なる人格で評価される国に住める日がいつか来るという夢が……」

その理想の国を求めて戦ったキング牧師や多くの公民権運動家達もまた、夢半ばで命を奪われていた。

テロ実行犯だといわれる白人極右組織、アフリカーナー抵抗運動（ＡＷＢ）の事務所を訪ねてみようと思った。事務所はヨハネスブルグから一五〇キロ離れたフェンタースドルプという町にあるという。

車がその事務所に着いた途端、黒人タクシードライバーの顔はどんな恐ろしいものを見たかというくらいの恐怖で引きつった。ここはそんなに恐ろしい所なのか。運転手は客を降ろすと、一目散にその場から逃げ去った。彼にとって、ここは足を踏み入れる場所ではないようだ。

砂袋が積まれた事務所から三人の男が出てきた。だぶついて弛《ゆる》んだ腹の肉の間に拳銃を喰いこませている。

「なんだ！　イエローか！　いったい何の用だ？」

「おまえらに喋《しゃべ》ることなんて何もない。さっさと帰れ。マンデラにおべんちゃらを使う白人のクズどもには死んでもらうってことさ」

と、彼らは大声で凄《すご》んだ。

大声に驚いて隣のパン屋から数人の男が何事かと出てきたが、彼らの手にも拳銃が握られている。

まるで、昔の西部劇さながらの光景。あるのは荒々しさだけ。ある程度予想はしていたが、何を訊いても彼らからまともな答など返ってはこない。

ソウエト

ヨハネスブルグの南西郊外にある黒人居住区ソウェトは、南アフリカの黒人の歴史そのものだ。

まだ暗い夜明け前、ソウェトの薄暗い路地の錆《さ》びたトタン屋根の煙突からは、もう一筋の煙が立ち昇っていた。やがて東の空が白み始め、ソウェトの住民を詰め込んだ超満員のミニバスが、ヨハネスブルグの中心部へ向けて黒煙を上げながら走り出した。

丘陵の上から眺めたソウェトは想像していたよりも遥《はる》かに広い。一戸建ての家が整然と並ぶ通りもあれば、バラックが所狭《ところせま》しと並ぶスラム街もある。

スラム街の方へ降りて行った。どの家の煙突からも朝食の煙が立ち昇り辺りを包んでいる。当時、ジャーナリストの間でさえ、ソウェトに入るとたちどころに襲われてカネを奪われるぞ、などという話が広まっていた。だが、もちろん実際は違う。むしろ、すれ違う人々はシャイな表情で笑顔を向けてくれる。

洗濯物の干された路地を進んでいくと、一軒の家から子供が出てきた。次いで父親が窓から顔を出した。

ピコさん一家は男の子が二人と女の子が一人。

「写真を撮っていいですか?」

と訊くと、

「こんなボロ屋でよかったら」

と、三人の子供と一緒に家の前に立った。

「妻は家政婦の仕事で朝早くから出ているんだ。僕が失業中なんでね」

家の中を見せてくれた。家具らしきものはベッドと箪笥《たんす》だけ。

「もう少しまともな生活がしたいんだが、なかなか仕事が見つからなくて」

そう言って彼は屈託のない笑顔を見せた。

教会や店の並ぶメインストリートに出た。ここでも通りを行く人々は気さくに話を聞かせてくれた。アパルトヘイトが廃止されても日常は何も変わらない、と皆が口を揃える。賃金が上がるわけでもない。仕事が見つかるわけでもない。

「でも、これから変わっていくのかな……」

と、ちょっとした期待が顔を覗かせる。

選挙については実感が湧かないという。

「投票なんて生まれて初めてだからね。でもまさか、生きているうちに自分が大統領を選ぶことができるとは思わなかったよ」

と、一人の老人が言った。

昼下がり、学校帰りの子供達が好奇心いっぱいという様子で走り寄って来て回りを取り囲み、口々に話しかけてきた。町には子供が溢《あふ》れている。広場でゴム飛び遊びをする女の子達、パチンコを持って走り回っている男の子達。ちょっと昔の日本のどこにでもあった光景だ。

教会の司祭が「お疲れ様、コーヒーでもいかがですか」と声をかけてくれた。

「ここの人達は日本が好きですよ。ソウェトのゴスペル合唱団が日本に招待されたこともありました。うちの教会の子供達も行ったのですよ」

「いよいよ明日は投票日ですね」

そう話をふると、司祭は頷いて感慨深そうな遠い目になった。

「ここに至るまでには、多くの人が神の許に召されました。胸が痛みます」


投票日の早朝、まだ空には星が光っているというのに、ソウェトのクリップタウンの投票所にはもう長い列ができていた。男性はスーツ、女性は色とりどりのお洒落着姿だ。一票の重みがその正装から伝わってくる。

一人の老人が長い列からぽつんと離れて座り込んでいた。

「待ちくたびれましたか?」

老人は茶目っ気のある笑顔を見せてこう言った。

「七二年も待ったのだから、今、待てないことはないよ」

選挙は予想通りANCが勝利し、ネルソン・マンデラは南アフリカで初めての黒人大統領に選ばれた。

その夜、ヨハネスブルグの町は歓喜に沸く人々で埋めつくされた。白人も黒人も肩を組み合い、「ビバッ！　マンディーラ！」の大合唱があちこちから次々に沸き起こっている。ついに成し遂げた南アフリカの新しい一歩だ。

そして群衆は歓喜と共に暴徒となった。積年の怒りが我慢していた傷口から吹きだしたような騒ぎ。奇声を上げ、通りを走り回り、ゴミ箱に火をつけ、白人の経営する店の窓ガラスを叩き割る。白人大統領デクラークの選挙ポスターに火がつけられ、メラメラと燃え上がった。鎮圧に出動してきた白人警官隊を見ると、黒人達はさらにエキサイトして次々に石を投げ始めた。黒人を噛むように訓練された軍用犬のシェパードは、袋叩きにされて弱々しい泣き声を上げ、尻尾を丸めた。その姿が、白人達の恐れていた〝負ける姿〟に重なって見えた。数時間騒ぎは続き、気が収まった群衆は去っていった。その時一人の警官が言った。

「黒人さえいなければ、アフリカはいい所なのに……」

◇　◇

あの時、マンデラに託されたのは、このような国のあまりにも困難な舵取《かじと》りだった。マンデラは崇高な理念に従い、白人と黒人による共生の道を選んだ。それは、人間は理念のもとに生きる事が可能なのかという壮大な試みだった。しかし、問題は山のようにあった。その後も続く白人と黒人の対立、埋まらない経済格差、高い貧困率による治安の悪化、エイズの蔓延《まんえん》。国の豊富な鉱物資源は相変わらず資本家達に富を与え、その富が下まで回って来ることはなかった。政策により一部の黒人富裕層が生まれたが、多くの黒人は取り残された。

マンデラの残した言葉の中に次のような言葉がある。

「大きな山に登ってみると、人はさらに登るべきたくさんの山々があることを見つけるのだ」

さらにマンデラ引退後には、ANC内部に汚職などの政治腐敗《ふはい》も生まれていった。マンデラは常に、国の指導者が国民よりも贅沢《ぜいたく》な暮らしをすることをきつく諫《いさ》めていた。だが、先頃辞任に追い込まれた大統領は、莫大な公金を流用して私邸に豪華なプールや庭園を作ったという。

“Better life for all”の言葉も人間の欲望の前では力なく打ち砕かれてしまうのか。

二〇一三年一二月五日、ネルソン・マンデラは九五歳の生涯を閉じた。その生涯は終生変わらず清貧《せいひん》を貫《つらぬ》いた暮らしだったという。

ルワンダ

1994年

生き残ったツチの少年(キガリ近郊)

難民キャンプの夜明け(ゴマ)

逃げてくるフツの集団(国境付近)

親のいない兄妹(国境付近)

ルワンダ　1994年

人々を見降ろすイエス・キリスト(キガリ近郊)

当初、我々の抱いていた感情は決して同情ではなかった。我々とは、世界中から取材に集まった人間達のことだ。

一九九四年九月、ザイール(現コンゴ民主共和国)の国境の町ゴマ。

我々が見ていたのは、町の郊外の平原に次々とやって来る人の波だった。彼らは隣国のルワンダから難民となって逃げて来ていた。

アフリカ中央部にある小さな国ルワンダで紛争が起こり、大量虐殺があった。殺されたのはツチ族、殺したのは同じ国民であるフツ族。しかも一般市民までがこの虐殺に加わったというのだ。逃げて来ているのは報復を恐れたその殺人者達だった。

近くに火山の峰々を見渡すゴマの高原。大地は見る間に人で埋め尽くされていった。彼らはまるで葉切り蟻《あり》のように高原の灌木《かんぼく》を切り倒し、萱《かや》を刈り取り、あっという間に小屋を建てていった。これでひとまずは安心と建てた小屋を背に気が抜けたように座り込んでいる母親と子供達がいた。

たちまち様々な商売も店開きした。大量のスープの缶詰を積み上げた店、薪を束にして売っている店、古着を並べた店、その隣では女性がミシンを踏んでいる。静かだった高原に逞《たくま》しさと危うさが交差するフツ族の新たな社会ができ上がろうとしていた。

「いやー、逞しいね」

昼間、難民キャンプで取材をした我々は、夜、〝ハードロックカフェ・ゴマ〟と名付けた一杯飲み屋に集い、そんな会話を交わしていた。やはりあの頃は皆、まだどこか冷やかに見ていたように思う。

人の波

押し寄せる人の波は途切れることなく続いた。朝から日暮れまで、国境のゲートはフリーパス状態で難民を受け入れていた。ルワンダの首都キガリはほんの目と鼻の先だ。一日限りの通行許可をもらいルワンダに入った。

やっと空が白みかけたかという早朝、国境付近にやって来る人間はまだいない。しかし、それは束の間の静けさだった。しばらく車を走らせ丘を一つ越えた途端、こちらに向かってくる途方もない数の人間の集団が見えた。人間の波が第一波、第二波とうねりのように押し寄せて来る。

車はすぐに、道幅いっぱいにやって来る人の波に呑まれた。車を降り、人波に逆らって歩いていく。

集団の中には様々な人間がいた。持てる限りの家財道具を抱えた者、逆にまったく手ぶらで歩いて来る者、道の端で足を投げ出し気が抜けたように通り過ぎる人波を見上げている者。向こうから歩いて来る五人連れは、眼つきや態度から明らかに兵士のようだ。目が赤く血走り、全身からへモグロビンが臭い立つような殺戮《さつりく》のオーラを放っている。すれ違いざま、中の一人がこちらに向かって威嚇《いかく》するようなジェスチャーで言い放った。

「涙を流して命乞いするツチの奴らを数えきれないくらい叩き殺してやった」

文句があるかという顔でこちらを睨《にら》みつける。虐殺という狂気が大きな口を開けて迫って来た。

やって来た一人の青年に話を聞いた。ジムと名乗ったその青年は、しばらく黙り込んで周りを気にするように見回していたが、やがて黄色く濁《にご》った目をしばたかせながら口を開いた。

「俺も人を殺した。本当に怖かったんだ。棍棒で何度も頭を殴った。あんなに簡単に人が死ぬとは……、俺の知り合いは妻を鉈《なた》で殺した。妻がツチだったから……」

そしてそれっきり、彼は黙りこんだ。その顔には、まだ恐怖がありありと張り付いている。

傍らでやりとりを聞いていた男に質問した。

「フツの軍部が流したというあの〝ツチを殺せ〟というラジオ放送は聴いた？」

「俺は聴いていない。だが、以前からツチの愛国戦線が俺達を皆殺しにする計画を立てているって話は知っていたよ」

「町のみんなが〝ツチに殺されるぞ〟と叫んでいた。通りに出ると、一人のツチの男を取り囲んで数人の男達が鉈を振り上げていた。怖かった。殺される前に自分の身を守っただけなんだ」

国境に向かって歩いて行くこの集団の中の誰が虐殺に手を染めたのか、それはわからない。ただ、彼らが皆、もう後戻りできない道を歩いているということだけは確かだ。


隣人として仲良く暮らしていたはずのルワンダのフツとツチに、いったい何が起こったのか。人々を予想もしない大惨劇《だいさんげき》に巻き込んだのは政治の渦だった。一九六二年の独立と共にフツがツチから政権を奪うという政変はあったが、その後、順調に発展してきたアフリカの優等生「ルワンダ共和国」。しかし近年、人口の爆発的増加により、土地問題、失業率の悪化、貧困、食糧不足などの問題が生じていた。そういう時に「民族主義」は勢いを増す。ルワンダの政権も内部に強力な〝フツ至上主義〟の集団を抱えていた。そしてこの集団によって社会の問題は民族の問題へとすり替えられていった。

「ツチは敵だ！　ツチを抹殺《まっさつ》しろ！」

そこに一九九〇年、かつての政変で隣国ウガンダに逃れたツチの難民の二代目達が〝ルワンダ愛国戦線〟を結成して攻め入ってきた。三年間の紛争の後、和平協定が結ばれたが、これに不満と危機感を持った〝フツ至上主義〟の急進勢力は一気にツチの全殺戮を計画していく。

ジェノサイドは用意周到に布石《ふせき》を打たれていった。

「ツチが攻めてくるぞ！　ツチはゴキブリだ」といったヘイトスピーチが新聞、雑誌、ラジオ等の媒体を使って国民に流され続け、人々の想像力に恐怖を植えつけていった。また同時に過激派青年組織が作られ、三万人の民兵が武器と共に準備された。

そこに起きた一九九四年四月六日の大統領暗殺。これも急進派の犯行ではないかといわれているが、事件直後にラジオで流されたのは「大統領を殺したのはツチだ。ツチが我々を殺しにやって来る。殺《や》られる前に殺れ！」という扇動的な放送だった。

それを契機に始まった虐殺は、過激派青年組織を中心に行われ、瞬《また》く間に全土に及んだ。

反対する普通の神経を持ったフツの人々は、真っ先に犠牲になった。そしてジェノサイドは、一般市民までもが、隣人や友人や家族の頭上に鉈や斧《おの》や棍棒を振り下ろすという信じられない光景までもを引き起こした。激しい嵐に巻き込まれた人々は、殺さなければ殺されるという恐怖の中で、もはや事の善悪を考える力も失っていった。

殺戮は残虐《ざんぎゃく》を極めた。女性も子供も容赦《ようしゃ》なく殺された。信じられない程の残忍な殺し方だったという。

虐殺は〝ルワンダ愛国戦線〟が国を制圧するまでの約三か月間にわたって続けられ、全土で八〇万人とも一〇〇万人ともいう人間が殺された。

国際社会はそれを止められなかった。国連も紛争の為の僅《わず》かなＰＫＯ部隊は派遣していたのだが、それ以上の関与はしなかった。各国の大使館は事が起きるとすぐに引き上げ、外国人の救援に飛んで来た輸送機も、自国民を乗せると足早に飛び去っていった。

国際社会は虐殺を紛争の一部と考え、ジェノサイドとは認めなかった。

恐怖の中に取り残された人々は見殺しにされたのだ。

生き残った青年

惨劇の地ルワンダをさらに首都キガリ方面へと車で進んだ。キガリに近づくにつれ、道端に野晒《のざら》しになって朽ち果てた死体が目につくようになった。誰も助けに来てくれない地獄のような状況で殺されていった人々の悲鳴が聞こえてくる。

誰もいない村に着いた。庭先にバナナの木を植えた民家が点在している。人っ子一人いない静けさは背中がゾクッとするほど気味が悪い。その時、同行のAP通信のジョン・ムーアが「ワォッー!」と大声を上げた。覗《のぞ》きこんだ井戸の底は暗かったが、そこにいくつもの死体が投げ込まれているということは、はっきりとわかった。

別の日、生き残ったツチの青年の話を聞いた。

取材の帰り道、人気のない村を通りかかると、数人のツチの青年がいた。その一人がジョセフだった。

「僕はキガリに近いルアンゴという村で家族一〇人で暮らしていた。家は茶を栽培していた。村人はほとんどがフツで、僕達ツチは少なかったが、これまで仲間はずれにされることもなく、仲良く暮らしていた……」

ところが突然村が変わったという。

「軍服を着た兵隊達や二〇人程の民兵が村へやって来た。彼らは手にマス(棍棒)やマチューテ(山刀)を持って襲ってきた。怖かった」

ジョセフと家族は隙を見てなんとか逃げ出した。

「道路の真ん中に銃や棍棒を持った若者達が立っていた。逃げてきたツチはその場で殺されていた。若者の中には知っている顔もいた……」

「道には全身を切り刻まれたり、頭を割られた死体がいくつも転がっていた」

彼にその光景を思い出させるのは酷《こく》なことだと思った。しかし、ジョセフはうつろな視線をこちらに向けながら、トラウマと闘うかのように話を続けた。

「教会に逃げようと思った。だけど教会に近づいた時、何か変だと思ったんだ。そっと近くの木の陰で様子を見ていたら、教会の庭で逃げ込んだ人が殺されていたんだ。神父達はそれを黙って見ていた……」

ジョセフ達は、逃げて隠れながら生き延びた。彼の記憶の中の光景は恐ろしく生々しい。

そのあまりにも凄惨《せいさん》な証言が頭に突き刺さり、「何故?」などと考える思考は停止していた。

さっき通って来た道端にも、やはり朽ちかけた死体が点々と横たわっていた。

難民キャンプ

一方、ゴマの難民キャンプは喧騒《けんそう》と共にどんどん拡がっていった。踏み固められた細い道に沿ってブルーシートが波のように続いている。そして人、人、人。見渡す限りが人で埋め尽くされ、その数は一〇〇万を超えたといわれた。

湖に続く広い道は、さながらちょっとした町のメインストリートだった。水の入ったポリタンクを頭に乗せた子供達や、赤、紺、黄色など色鮮やかな服に身を包んだ女性達が行き来している。女性達の髪はドレッド風に細かく編み上げられ、唇にたっぷりと塗られた鮮やかな口紅が人目を引く。

まだ薄暗い夜明け、あちこちから煙が立ち昇り始め、また今日も難民キャンプの喧騒の一日が始まる。罵声《ばせい》、怒号《どごう》、悲鳴、子供の泣き声、その中を国連の職員やNGOのスタッフが飛び回って叫ぶ。「生水は飲むな！」「排せつは決められた所で！」

知ったことかと太鼓を鳴らして踊っている連中がいる。そうかと思うと、少しはずれた所では目つきの悪い男達が集まり、何やらゴソゴソと話している。薪や食糧をめぐっての喧嘩も絶えない。薪を積んだトラックがやって来ると、男達は一本でも多く丸太を手に入れようと我先に荷台に殺到した。殺し合いになる程、皆、気が立っている。食料も不足している。誰もが飢えていた。

一人の男が笑いながら天空に悠然とそびえるカリシンビ山を指差した。

「あの山にいるゴリラを捕まえて食おうって話も出たが、きっと監視員から蜂の巣にされるだろうね。俺らよりゴリラの命の方がずっと値打ちがあるんだ。ゴリラを見に来る観光客は金を落とすからな。無一文で逃げてきた今の俺達はサル以下さ」

人を殺してきたという事実は、慌ただしい喧騒と混沌《こんとん》の中に埋もれていった。今を生きるという生命の源泉だけが凝縮され、密度の濃い空気となって難民達を包んでいた。その中では、もはや我々も〝人間として〟などと彼らの罪について考える気持ちは無くなっていた。

ある日、日本のＮＧＯの医療テントで小さな新しい生命が誕生した。長いへその緒をつけ、濡《ぬ》れた体から湯気を上げて生まれてきた赤ん坊は、元気に大きな産声を上げた。

それからほどなくして、ついに恐れていた事態が起こった。やはりコレラが発生し、瞬く間に拡がっていったのだ。人がバタバタと倒れ、あっという間に死んでいく。死体は、まるで腐った生ゴミのように道の端に捨て置かれた。その側で子供がトイレ代わりのポリバケツにじっと尻を乗せている。

死体は午前中に決まってやって来る回収車で運ばれていった。〝デストラック〟と呼ばれる死体回収車が屋根に積んだスピーカーから大音響でロックミュージックを流しながらキャンプ中を巡っていく。

「死体を回収しに参りました！　出すなら今ですよ！」と言わんばかりに、トラックに乗った若者達が、馴れた手つきで次々に死体を荷台に放り込んでいった。

人間は、身近であまりにも多くの死や惨状を見過ぎると、感情の揺れや起伏が麻痺してしまうようだ。目の前の人の死という光景が、心の中に到達する前に淘汰《とうた》され、どこかに飛んでいく。

その日も我々は、やはりホテルのテラスに集まっていた。そこに、現場で指揮をとっていたＵＮＨＣＲ（国連難民高等弁務官事務所）のベルギー人スタッフ、ブルジョアがヘトヘトに疲れ果てて戻って来た。

「いいなー、君達は！　昼間からホテルのテラスでビールかい」

ご機嫌はかなり悪い。

「君達は人間の死をビールを飲みながら待っている。ここでいったいどれだけの人間が死ねばいいんだ？　まだ死に足りないのか！」

彼のストレスは怒りとなって我々に向けられた。その捌《は》け口から皮肉の言葉がポンポンと飛び出してくる。確かに状況は日に日に深刻になり、彼らは疲れ果てていた。我々は見ているだけと言われれば頷くしかない。しかし、見ることをやめてはいけない。

死者は遠くの森の中に運ばれ、ブルドーザーで掘った巨大なプールのような溝にトラックの荷台から次々に放り込まれた。男も女も老人も子供も、みんな一緒くたに重なり合った死体の山。次々と新たな死体がゴロゴロと転がり落ちていく。無数の蠅《はえ》が呻りを上げながら死体の周りを飛び回り、死体に張り付いていった。

ほんの少し前まで生きていた人間の残り香と、肉体が自然分解されていく強烈な腐臭が鼻の粘膜にこびりつき、銀蠅がはらってもはらっても執拗《しつよう》に目や唇にまとわりついてくる。

この、一人一人の死という現実を目を逸らさずに見よう。込み上げてくる生唾をぐっと呑み込みながら、そう思った。

◇　◇

その後、ルワンダは素晴らしい国に再生した。逃げていたフツの人々も帰還を許された。

国民は過去を見つめ直し、互いに力を合わせる努力を続けた。ツチとフツという言葉も無くしたという。

ＩＴビジネスによる経済の発展と汚職のない政権、そして美しい自然。

あの時、〝今〟を生きるしかなかった国民。その一人一人が心の傷を乗り越えて創り上げたその後のルワンダの平和は、今、「アフリカの奇跡」といわれている。

シエラレオネ，リベリア

1996年

日常の喧騒の中を戦車が通る（モンロビア）

激しい銃撃の跡（フリータウン）

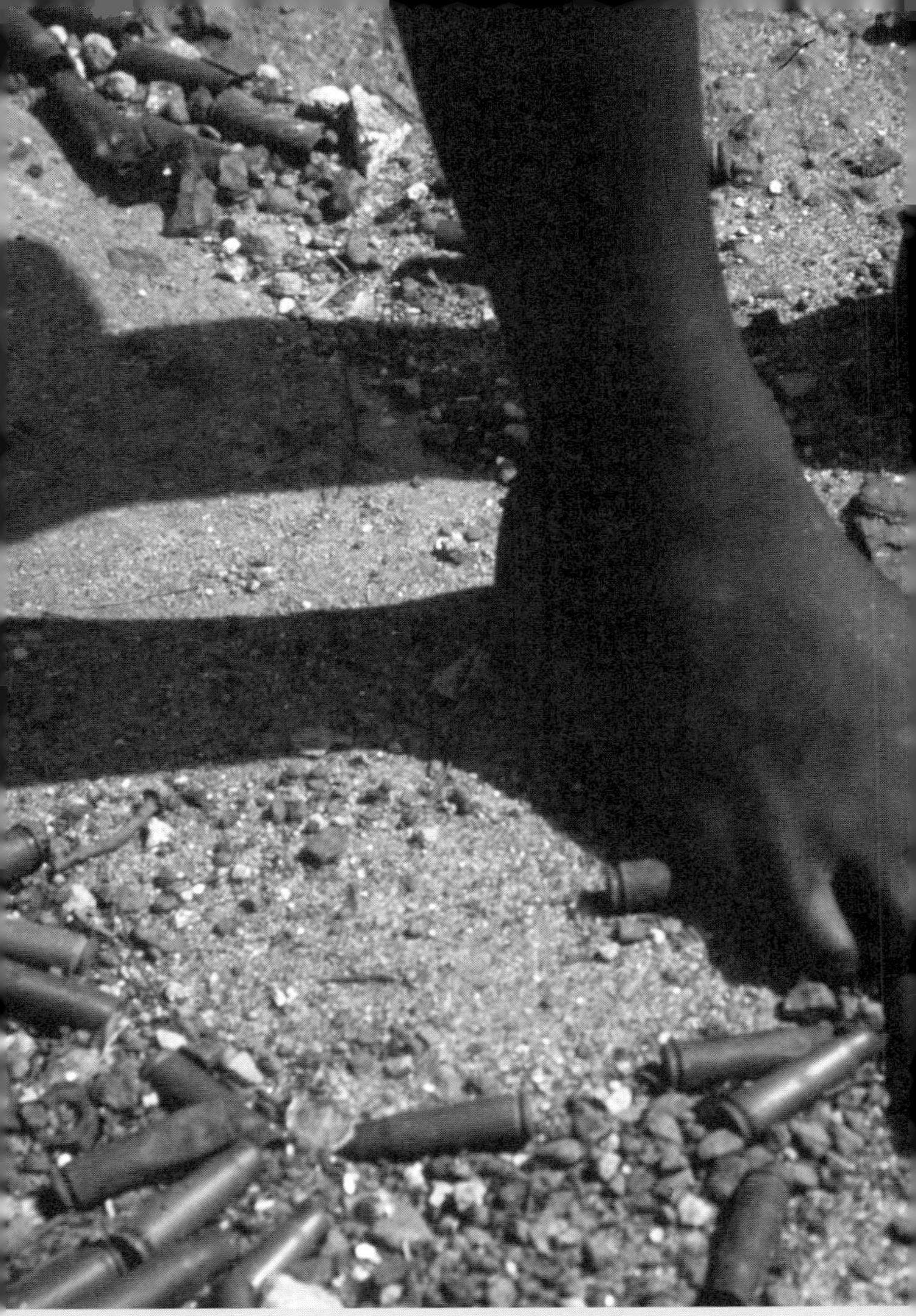

子供達は果物を売り歩く(モンロビア)

ピーナッツ売りの少女(モンロビア)

俺達はあり余るダイヤの上で寝ているんだよ！（フリータウン）

ブラッドダイヤモンド（血塗られたダイヤ）とは紛争国で採掘され、不法に取引されたダイヤモンドのことだ。そうしたダイヤモンドは紛争の資金源になり、武器がどんどん紛争国に流れ込む。そして武器は果てしなく戦闘を生んでいく。

西アフリカの国シエラレオネの内戦にも、豊富なダイヤモンド資源が絡《から》んでいた。独裁政治に対する民主化運動が続いていたシエラレオネで内戦が勃発《ぼっぱつ》したのは一九九一年。隣国リベリアの内戦の影響を受けてＲＵＦ（革命統一戦線）が蜂起し、政権がクーデターで混乱する中でどんどん勢力を拡大していった。この勢力拡大の裏にもダイヤモンドという資金源があった。

光り輝く宝石となる石は、鉱山を手に入れた人間に莫大な富をもたらす。内戦のゴタゴタの闇に紛れ、政府軍支配地でもＲＵＦ支配地でも、不法なダイヤ取引は横行していた。

その最大産地である東部のコノはＲＵＦによって支配され、地元の村の大人や子供達は兵士の銃に見張られながら、コーラ一本分にも満たない日銭で働かされていた。採掘現場で一日中焼けつくような太陽に身を晒《さら》し、ツェツェ蠅に刺されながら土を掘り続け、川の泥水の中でザルを動かし続けるのだ。

そうして掘り出され密かに国境を越えて闇取引されたダイヤモンドも、最終目的地である世界中の高級宝石店にたどり着けばショーケースに並べられ、その〝永遠の輝き〟で人々を魅了する。

無秩序の中で

一九九六年六月、ベルギーから空路六時間南下して、アフリカ西海岸の紛争地シエラレオネへ。そこには、目つきも態度も恐ろしく悪い入国係官がいた。

「入国目的は？」

「ハイ、観光」

「ここには、あんたの興味を引く物なんか一つも無いよ。このまま帰ったほうがいい」

係官は意味もなくパスポートをペラペラと捲《めく》りながら、こちらをジロリと見上げた。チップが欲しいという目だ。次の税関でも、「喉《のど》がカラカラなんだ」と、またビール代をせがまれた。疲れる国だ。

首都フリータウンはどんよりと雲に覆われていた。雨季の今、町全体がくすんで見えるのは仕方がないが、それに加えて荒廃がいっそう町を暗く沈ませている。破壊された建物が並ぶメインストリートの店はほとんどがシャッターを下ろし、弾の跡が残る壁にはスプレーで〝ＫＩＬＬ〟の文字。道の脇に戦車が陣取り、レイバンもどきのサングラスに自動小銃の危ない連中がうろうろしている。


歩いていると、ロケット砲を持った民兵が馴れ馴れしく声をかけてきた。

「ヘイ！　ユー！　フレンド」

目つきが悪い。

「いいカメラ持ってるな。いったいいくらするんだ？」

その時近くからパーンと銃声が上がったが、まったく気にすることもなく、民兵の視線はカメラから動かない。

「たとえ、あんたがここに山のようなダイヤを積んだとしても、とてもこのカメラは買えないよ」

そう答えてやると、民兵は「ヒィッエッ！」と、素っ頓狂《とんきょう》な声を上げた。

その時、一匹の鮮やかな黄緑色のカメレオンに気がついた。キョロキョロと眼を動かし、体を前後に揺らしながら悠長《ゆうちょう》に通りを渡って行く。目で追っていたら、そこにトラックがやって来て、そのカメレオンを無惨に轢《ひ》きつぶしていった。その光景がなぜか今も鮮明に浮かんでくる。記憶の中のくすんだモノクロの世界で、道の上で押し花になったそのカメレオンだけは、場違いのように鮮やかな緑色をしている。

タンパク質が異常発酵したような悪臭、顔に執拗《しつよう》にまとわりついてくる銀蠅やブヨ、物乞い、カッパライ、失業者、武装民兵……、町は隅から隅まで貧困と無秩序の中に埋まっていた。国民の九五パーセントが今にも崩れそうなバラック造りのスラムに住み、乳幼児死亡率が恐ろしく高い。現地の医師から聞いたところによると、平均寿命四一歳という世界一生きにくい国。その原因の一つには、エイズの蔓延《まんえん》もあった。

滞在したホテルのドアボーイは、出入りのたびに警告した。

「気をつけたほうがいい。町中に人間兵器が歩いている」

町はずれにある〝国境なき医師団〟のテントには、エイズに冒された人々がフラフラになってやって来ていた。しかし、ここではエイズを治すことはできない。気休めの薬を与え家に帰すしかない、と医師は言う。

「エイズの予防キャンペーンをやっても、知識が入らないようだ。特に男がまったく聞いちゃいない。ここではエイズを悪魔の呪いだと言っている者もいる。困ったものだ」

呆れるほど器用に板切れをつなぎ合わせて造ったバラックが立ち並ぶスラム街。ブクブクとメタンガスの泡が湧くドブ川には、腐った犬の死骸や、わけのわからない汚物が浮かんでいる。でこぼこ道を黒煙を撒《ま》き散らしながら走っていく錆《さ》びついた車が、けたたましくクラクションを鳴らす。ひもに架けられた洗濯物が路地中にはためき、子供達がその下を走り回っている。頭の上に野菜かごを乗せた女性が、忙しそうに通っていく。

町に慣れてくると、そこに暮らす人々の顔が見えてきた。するとそこに意外にも底の抜けたような陽気さがある事にも気がついた。

内戦で村から逃げてきた人々がテントを張りバラックを建てて暮らす一画に、テントに入りきれない家財道具を外に並べているオヤジさんがいた。オヤジさんは、家財道具の真ん中で肘掛《ひじかけ》椅子に座り、悠長にくつろいでいた。

「素敵な椅子ですね」

「だろう?　奴らが襲撃して来るって聞いて、あわてて引っ越してきたんだ。奴らは人殺しが飯よりも好きなんだよ。とんでもない連中だ」
と、オヤジさんは自動小銃を撃つ真似をし、ハッハッと屈託《くったく》のない笑い声をあげた。

人々は口々に戦闘の酷《ひど》さも語った。武装勢力は、手あたり次第に町や村を襲って家を焼き払い、人を殺し、子供を誘拐した。誘拐された子供達は、ボーイソルジャー（少年兵）に仕立て上げられるという。麻薬や銃で人間であることを剝《は》ぎ取られ殺人マシーンとなった少年兵達は、最前線で凄惨《せいさん》な殺戮《さつりく》を繰り返していた。この内戦の最大の悲劇だ。内戦はすでに七万五〇〇〇人の命を奪っていた。

村人や市民は逃げて身を守るしかない。そして、いつかは終わるだろう、とクールに紛争から距離を置く。彼らにとってはＲＵＦも政府軍も単なる乱暴なごろつきでしかない。

子供達に囲まれて木でおもちゃを作っていたトーマスさんは、温厚そうな学識者に見えた。五七歳だというが、「何をなさっていたんですか？」と訊いても「いやいや、もういいんだ」と、手を振って答えてはくれない。

「ダイヤモンド？　それは、我々にとっては普通の石ころだよ。いや、我々を苦しめている石ころかもしれない。それにしても俺達は、こんな所に住み、ろくな物も食べていないというのに、あり余るダイヤの上で寝ているんだよ。おかしいだろう?」

「まっ、なるようにしかならないね、この国は」

と、トーマスさんは穏やかな顔に時々笑顔を見せた。その笑顔に人を包み込むような温かさを感じた。人間の欲望の醜《みにく》さと馬鹿らしさを知っている人の顔だ。

当時、シエラレオネは選挙で混乱に終止符を打とうとしていたが、RUFは選挙を拒否し戦闘を続けていた。戦闘が続く限り、軍が力を持つ政治は変わらない。政府軍民兵の傍若無人な振る舞いも、また続くのだ。

RUFに伝手《つて》を介して取材の申し込みをしていたのだが、返事がきた。

「命が惜しかったら来るな!」

わかりやすい答だ。

◇　　◇

国を崩壊し尽くしたシエラレオネの内戦は、それから六年後の二〇〇二年に終結した。しかし、その後もダイヤモンドの上で寝ているはずの国民の圧倒的貧困は続いている。今もシエラレオネは最も平均寿命の短い国の一つだ。

◇　　◇

リベリア

シエラレオネを後にし、フリータウンから米軍のヘリに便乗して、やはり内戦の続く隣国リベリアに向かった。

一九世紀半ばにアメリカからの解放奴隷によって建国されたリベリアでは、長くその〝アメリコライベリアン〟が権力を握ってきた。そこに地元の部族勢力がクーデターを起こし政権を奪ったのは一九八〇年。だがその政権もまた独裁を続け、部族間の対立は虐殺を引き起こすまでになっていった。そこに一九八九年、国外に逃げていたアメリコライベリアンのチャールズ・テイラーがリベリア国民愛国戦線（NPFL）をひきいて自国に攻め入ってきた。内戦の始まりだった。

権力争いに武器が絡むと、必ず殺し合いが始まる。豊富な武器は、何の為に戦っているのかわからなくても、とにかく人を殺す。リベリアでもシエラレオネと同様に多くの少年兵が集められ、残虐な殺人マシーンとなっていた。

そんなことを考えながら、ヘリの窓から外を眺めていた。大西洋の大きなうねりが打ちつける海岸線、バナナの木の間に見え隠れする民家。畑には鍬《くわ》を下ろす農夫とそれを見ている牛がいる。さらに高度が下がり、民家の庭に吊るされた派手な柄の洗濯物までが目に飛び込んできた。赤茶けた農道を並んで歩いて行く子供達がいっせいにこちらを見上げる。

いつものアフリカらしい原色の世界と静かな人の暮らし……、紛争の事を考えていた頭に飛び込んできたのは、のどかな村の光景だった。

しかし首都モンロビアが見えてくると、ヘリの兵士はガチャッとトリガーを引き機関銃を構えた。

「さあ、お仕事だよ」


モンロビアに入って頭に浮かんだのは〝焼け跡闇市《やみいち》〟という言葉だった。戦闘で焼失し、かろうじて建物の外観だけが残る赤茶けた町の通りに雑然と軒を並べるバラックの店。

店の前に、リベリア紙幣ディナールがうずたかく積まれていた。

「この札束はなに?」

「紙屑《かみくず》だよ。こんな鼻紙にもならない紙屑には、誰も目もくれないさ」

「でも買い物はどうする？」

「アメリカドルだよ。ドルのインクの臭いにしか関心はないのさ。経済などという高級な言葉は、この国からとっくに消えちまったのさ」

と、店番の男は札束を指で弾いた。

厳重な鉄格子を下ろした小さな店の入り口に、ヘルメットを被りレイバンのサングラスをかけたチャールズ・テイラーの特大ポスターが貼られていた。中を覗《のぞ》くと、レバノン人の店主が鋭い目つきで声をかけてきた。

「ドルがあるなら、安く金を売るぜ。ダイヤもな」

今、C・テイラーはモンロビアに入り大統領選挙に向けて準備をしているという。内戦が始まって六年半、三年前からは各勢力の間で和平が合意されては覆《くつがえ》されるという繰り返しだった。内戦による死者は一五万人を超えた。そして国民の半数は国外に逃げていた。

町では頻繁《ひんぱん》に敵対勢力の残党狩りのような殺人が起きる。町の人も銃声には慣れたもので、振り返りもしない。町は無法地帯になっていた。

アメリカ大使館の前には毎日、脛《すね》にどんな傷があるのか知らないが、保護を求める人々が詰めかけていた。

「命が狙われているんだ……」「助けてくれ」

そうかと思えば、我関せずとのんびり橋の上から釣り糸を垂れる人もいた。

「一日中することもないから晩飯でも釣ろうかと思ってね」

やはりここでも政治の渦は、普通の人々の頭上の遥《はる》か遠くでぐるぐると渦巻くだけなのかもしれない。

「おじさん！　ピーナッツ買って」と、ピーナッツをいっぱいに積んだカゴを頭に乗せた少女が声をかけてきた。一つ摘んでお金を渡すと、黒まなこの大きな瞳をくるくるさせて、一ドル札を空に透かした。

子供達は通りでたわいもなく遊ぶ。母親達は忙しそうに夕食の準備をしている。時折、通り過ぎる戦車のキャタピラ音や銃声、兵士の奇声も日常の喧騒《けんそう》の中に埋もれ、人々の日常もその喧騒の中で陽が暮れていく。

廃墟の中で奇跡のように残った教会から、シスターや子供達の歌う歌声が聞こえてきた。

夕暮れ時、大西洋のうねりが打ち寄せる砂浜で数人の若者が焚火《たきび》を囲んで酒を飲んでいた。

最近まで愛国戦線の民兵だったという。その中に加わった。

「おまえは何人殺した?」

「はっきりしているのは二人。確実にやったぜ」

彼らは飛び入り客へのサービスのように、殺した相手の内臓を食べた話まで披露した。リベリア内戦の残虐性として伝わっている話だが、ここでは風習なのだという。あっけらかんと人を殺した話が酒の肴《さかな》になっている。聞いているうちに、こっちの神経も麻痺していく。

酒盛りは続いた。酒を飲みながら何度もテイラーの悪口が話にのぼった。

「テイラーは怪しげな黒魔術に凝り、相手を呪い殺すために呪いの人形を使っているのさ」

「奴の頭はいかれている。奴が信じているのは銃と金だけさ」

◇　◇

その後、リベリアでは選挙が実施され、チャールズ・テイラーが大統領の座に就いた。しかし、国の復興は進まなかった。ダイヤや金の闇取引をする国に国際社会の対応は厳しかった。

二〇〇二年、再び反政府勢力らが蜂起し、またもや内戦が始まるとテイラーは国外に逃亡した。

その内戦を終わらせたのは女性達の運動だった。

「もう殺し合いはやめて!」

女性達は教会で歌い、祈り、座り込みへと活動を拡げ、軍事クーデターや内戦を繰り返す日々にはっきりと〝NO〟を突きつけた。

小さな灯火が地から巻き起こる大きな渦となり政治を変えていったのだ。

そして二〇〇五年、リベリアは新しく女性大統領を誕生させ、ともかくも銃と金の政治に終止符を打った。

アフガニスタン

2001年

男達の熱気は沸騰《ふっとう》していた（クエッタ）

祈る（カイバル峠）

ストリートチルドレン（ペシャワル）

今度はどこが攻めてきたんだ？（国境）

女性は真昼の月のように存在感がない（国境）

「君はアメリカをどう思う?」

ふと、ケバブを売っていた少年に問いかけてみた。すると、少年はその青い瞳に怒りを見せてこちらを睨《にら》み返し、鉄板の上の焼けたケバブにグサッとナイフを突き立てた。

「ジャヒール(愚か者)!」

わかりきったことを聞くなという顔だ。

やられたらやり返せ!

二〇〇一年一〇月、アフガニスタンとの国境に近いパキスタン北西部の町ペシャワル。峠の向こうのアフガニスタンでは、アメリカを主体とした連合軍による爆撃が始まっていた。世界中を震撼《しんかん》させた9・11同時多発テロから一か月、ニューヨークの高層ビルに突っ込む旅客機の映像はまだ生々しい。そしてアメリカはテロとの戦いを宣言した。

世界中に恐怖と怒りと悲しみを与えたテロの首謀者、イスラム過激派〝アルカイダ〟のオサマ・ビン・ラディンらはアフガニスタンにいた。彼らを匿《かく》まっているのはアフガニスタンのタリバン政権だ。

「アメリカとその同盟国は紛争地域で我々ムスリムを虐殺している。我々には、報復としてアメリカを攻撃する権利がある」

と、ビン・ラディンは声明を出した。

ペシャワルは、かつて〝アルカイダ〟が結成され、〝タリバン〟が育った町だ。そして、アフガニスタンにつながるパシュトゥン人の町でもあった。

やられたらやり返せ！　ペシャワルの町は興奮した男達の熱気で煮えたぎり、まさに沸騰していた。


ペシャワルのメインストリート。手に手に怒りのメッセージを掲げてやって来る男達が、口々に声を涸《か》らしてアメリカを罵《ののし》り、拳を振り上げる。ブッシュ大統領の写真に唾を吐きかけ、足で踏みにじり、星条旗を燃やす。

カメラを構えていると、男達が次々に寄ってきては叫んでいく。

「ちゃんと撮ってくれ！　俺達は戦う準備はできている」

「あんたはアメリカの手先じゃないだろうな」

興奮してついてきた野良犬までが、「この野郎！」と蹴飛《けと》ばされた。

独特の濃い風貌《ふうぼう》と刺すような眼、まさにバザールに並び香りを主張し合う色とりどりの香辛料のように、互いに譲らぬ強い気性を持ったパシュトゥン人の男達。

町の一画で若いイマーム（師）が、子供達にコーランを教えていた。イマームの話が次第に熱を帯びてきた。

「オサマ・ビン・ラディンは、邪悪な異教徒達へ聖戦を挑んだ。これはアッラーの御意志だ」

まんじりともせず教えに聴き入る子供達。彼らはイスラムの勇敢な戦士になるのだと口ぐちに言った。ビン・ラディンとオマル師（タリバンの指導者）は、子供達にとっても憧れの英雄だ。町では、燃え崩れる世界貿易センタービルを背景に微笑むビン・ラディンのポスターも売られている。

「侵略者には命を捨てても戦いを挑め、命を惜しむな。それがイスラムの戦士なのだ」

と、子供達は教えられる。

ペシャワルの男達が過激派のテロを支持するのも、それを宗教的な闘争と考えるからだった。イスラム教の教えは元来平和を尊び暴力を否定しているが、同時に侵略者には「ジハード(聖戦)」によって戦えとも教えている。イスラム世界に侵入してくる「悪」とは戦わなければいけない。

タリバン

一九七八年、アフガニスタンに共産政権が成立、各地で反政府ゲリラが蜂起した。彼らは、イスラムの世界を守るムジャヒディン(イスラム聖戦士)、と自らを呼んだ。翌年、ソ連が軍事介入してくるとペシャワルに世界中から志願兵が集まり、ムジャヒディンとしてソ連軍と戦った。サウジアラビア出身のオサマ・ビン・ラディンもその一人だった。そして当時はパキスタンもアメリカも、ソ連と闘う彼らを支援していた。

一九八九年、ついにソ連はアフガニスタンから撤退《てったい》したが、今度はムジャヒディン各派が主導権争いで対立し、アフガニスタンではその後も内戦が続いた。多くの市民が死亡し、五〇〇万人の難民が生まれたという。

そこに台頭してきたのが、パキスタンの支援を受けてペシャワルの難民キャンプで結成されたパシュトゥン人の組織タリバンだった。彼らは、マドラサと呼ばれるイスラム神学校で軍事的にも神学的にも教育され、厳格なイスラムの教えを信奉していた。力をつけたタリバンは故郷アフガニスタンに攻め入り、次々に都市を制圧していった。内戦に翻弄《ほんろう》され、無法状態にうんざりしていたアフガニスタンの人々は、当初喜んでタリバンを迎え入れたという。

一方のビン・ラディンは、ソ連の撤退後アルカイダを結成し、世界の紛争地で新たな闘争を始めていた。そのアルカイダがアメリカに怒りを向けるようになったのは、一九九〇年のイラクのクウェート侵攻に対し、アメリカがサウジアラビアに軍を駐留させたことからだった。異教徒であるアメリカがイスラムの聖なる地に土足で踏み込んだ——それは許し難いことだった。その後アルカイダは次々とアメリカに対するテロを実行していく。

そしてお尋ね者となったアルカイダはアフガニスタンに拠点を移した。アメリカはタリバンにアルカイダの引き渡しを要求したが、タリバンはそれを拒んだ。今や彼らの共通の敵はアメリカだった。タリバン政権もまた、そのあまりにも急進的な政策や、対立する民族の虐殺などが報じられ、国際社会から孤立していたのだ。

ペシャワルにはもちろんパシュトゥン人以外にも様々な民族、部族が暮らしているが、ここではその対立は見られない。タジク人もハザラ人も一緒になって通りで拳を振り上げ、〝アメリカに死を〟と叫ぶ。ムスリムは皆同胞だ、と彼らは言う。

通訳のイジュラールは日本の大学で学び、日本文化にも諸外国の文化にも精通した青年だった。そして、こっそり酒もやる。彼が育った桃源郷《とうげんきょう》といわれるフンザは、過激な思想とは縁のない穏やかなイスラムの土地だ。その彼でさえ「あの9・11テロはアメリカの自作自演の陰謀だ」と言い張った。

バザールの絨毯《じゅうたん》屋のオヤジも鼻息が荒い。

「商売あがったりだ。爆撃が始まって観光客も来ない。でもアメリカはとんでもない悪だ」と、きっぱりと言う。彼も熱烈なタリバン支持者だった。

タリバンの政治は我々の側から見ると、あまりにも旧時代的で抑圧的な人権無視の政治にも見える。女性の権利の剝奪《はくだつ》、全ての娯楽の禁止、また、対立する民族の虐殺。ここの人達はそれをどう思っているのだろう。

ペシャワルのタリバン支持者達は一応にこう答えた。

「彼らは堕落《だらく》した国を倒し、イスラム国家のあるべき姿に戻そうとしている。タリバンは、アフガニスタンに平和をもたらしたのだ。アメリカは、自分達に都合のいいような嘘をばら撒いている。タリバンは女性を大切にするし、罪のない人を殺したりはしない」

カイバル峠

アフガニスタンへと続くカイバル峠を目指した。

「ペシャワルを知るにはカイバル峠に行ったほうがいい」

と言ったのはイジュラールだ。

車はペシャワル郊外から続く道を進み、トライバルエリア(部族直轄地)に入った。羊の群れ、ロバに跨《また》がる農夫、日干し煉瓦《れんが》を運ぶ少年、ふと見ると川の向こう岸で人々が並んで祈っている……次々に目に入ってくる光景は、ペシャワルの興奮した熱気からは一転した静かな村の暮らしだった。

町のバザールに入った。様々な店が軒を連ね、店主が大声で客を呼び込んでいる。バザールは人で賑わっていた。しかし、不思議に思ったのはペシャワルのような反米騒ぎがどこにもないことだ。どちらの国の法にも支配されない地域だと知ってはいたが、同じパシュトゥン人である彼らのこの無関心ぶりは意外だった。

「彼等にとって大切なのは部族の掟《おきて》と信仰と商売だけなんだよ」

と、イジュラールが苦笑した。

バザールを抜けると、道は険しい山道に入った。荒々しい岩肌が被さるように迫ってくる。

断崖絶壁の急峻なカーブが続き、今にも大きな岩が転がり落ちてきそうな道を車は唸《うな》ったり喘《あえ》いだりしながら上って行く。ここは危ないぞ、と深い谷間を覗き込むと、やはり奈落《ならく》の底にトラックが一台転がっていた。

この峠道は、古くから中央アジアとインドとを結ぶ交易の道だった。様々な物が、ロバの背中に揺られながらここを行き交った。そして西からの風、東からの風、様々な風がペシャワルに流れ込んだのだ。

ペシャワルで感じた町の空気は濃いが、決して澱《よど》んではいない。人々は口々に大きな身振り手振りで腹の中を全部ぶちまけ、主張し合う。ペシャワルの風通しの良さは、その歴史によるのかもしれない。

そして、この峻烈《しゅんれつ》な風土。視界には、ずっと先まで岩山が広がっている。緑豊かな山肌を見なれた我々が感じる自然の生命力とは別種の、荒々しいまでの生命力だ。この風土が彼らの麻縄《あさなわ》のような強さと誇りを生み、祈りと厳格な掟を育てたのか。

峠に近づいた時、運転手のカーンが突然車を止め、敷物を広げて祈り始めた。岩肌にカーンの祈りが吸い込まれていく。絶対なるものに身を委ねる、その感覚がふと、わかったような気もした。

この時のカイバル峠の厳粛な静けさ。それが次にやって来る嵐の前の静けさだったという事は、後に知ることになる。

二か月後、政権を追われたタリバンとアルカイダは、トライバルエリアに逃げ込み、紛争はトライバルエリアを舞台に激しさを増していった。カイバル峠も激しい戦闘の嵐に巻き込まれたという。


ペシャワルから西へ飛行機で二時間程、谷あいの町クエッタに着いた。クエッタには、ペシャワルよりもさらに濃厚なイスラムの風が町の隅々にまでいきわたっていた。冷たい風に巻き上がる黄土、唇がささくれそうなほど乾いた空気。町からの大きな一本道は、アフガニスタンのカンダハルへと続いていた。

一〇月の冷え込む早朝、町のモスクから高らかなアザーンが響き渡った。

「ハイヤー、アラサラー！」

目を覚ませ、礼拝に来たれ！　高らかで間延びした声が、霞《かす》んだ山々の谷あいにこだまし、町へ降りて来る。そして大通りを走り抜け、生臭いバザールの隅々を這いまわっていく。

黒いホトカイ(頭巾)のパシュトゥン人、パコール(布を巻き上げた帽子)を被ったタジク人、チンギスハーン髭のハザラ人、ウズベク人……、町ではそれぞれの民族が個性を主張し合っている。だがここでも、人々の心は「アッラーは偉大なり」の一句で集約されていた。一本一本が艶光りする硬い髭の上にそそり立つ鷲鼻《わしばな》、黒まなこから投げかけてくる刺すような視線、強烈な自我を体から臭い立たせた男達がアッラーの許で一つになる。

彼らは自分達こそが〝イスラムの源流〟なのだと言う。大河の流れは下流に行けば行くほど濁るのだ、とも。

町はずれの広場の集会で、一人のイマームが壇上からジハードの檄《げき》を飛ばした。

「今、アメリカは我々の兄弟達の頭の上に爆弾を落としている。恐れることはない。武器を手に山を越えるのだ。さすればアメリカは地獄の炎で焼かれるだろう」

集会にはアルカイダの兵士と思われる覆面で顔を隠した男達も現れた。彼らは覆面の下からキラリと光る眼で辺りを威嚇《いかく》し、ビン・ラディンとザワヒリを讃える演説を終えると、煙のように会場から消え去った。

一人のイマームが近寄ってきて言った。

「ビン・ラディンはアメリカを攻撃することで、世界をムスリム対非ムスリムの全面対決にもっていこうとしている。彼は偉大なるジハードの口火を切ったのだ」

ジハード（聖戦）は男達の心に火を点けた。そして今、その火が勢いよく燃え上がろうとしていた。

イスラム社会は厳しい戒律と共にある。男達は正義を唱える。しかし、そんな社会にも闇はあった。一つは麻薬。アフガニスタンからパキスタンにかけての〝黄金の三日月地帯〟で栽培されるケシは麻薬となり、パキスタンを通って世界中にばら撒かれていた。麻薬は地元の貴重な収入源だ。イスラム教においても麻薬は最も悪とされているが、パキスタンの麻薬中毒者は増え続けているという。ペシャワルでも、路地裏や橋の下などで麻薬をやっている男達を見かけた。

ペシャワルのカフェで話しかけてきた男に訊いてみた。

「酒と麻薬、どっちが悪い？」

「どっちも悪だ。酒と麻薬は心を堕落《だらく》させ、肉体を腐らせる」

「じゃあ、ここで麻薬が蔓延《まんえん》するのはなぜなんだ」

「知らないね」

と、男はそっぽを向き質問に蓋をした。

そしてもう一つの闇として、ストリートチルドレンに対する男達の暴力があった。陽が暮れ、歩く人も途絶えた路地の建物の陰に、三人の少年が寄りそうように座り込んでいた。突然現れた大人に少年達は一瞬怯え、警戒するような鋭い目を向けてきたが、安全な人間だとわかると口元を緩めて微笑みかけてきた。

一人が顔より大きなチャパティを三等分して、他の二人に配っていた。「大きいだろ」と、得意そうな顔をしている。兄貴分らしいその少年はアディといった。

「カメラを覗かせてくれない？」

カメラを手にしたアディが、かっこつけて仲間にレンズを向け、三人は無邪気に笑いながら撮影ごっこを始めた。

少年達は訊いても親のことは話さない。孤児なのか、棄てられたのか、それとも逃げ出したのか……、いずれにせよ、汚れた服を着替えさせてくれる人も、食事を与えてくれる人もいない生活を当たり前のように生き抜いている。別れ際、アディがニコッと笑って言った。

「アッラー・アクバル！　インシャラー(神の御心のおもむくままに)」

後日、地元のNGOの人に話を聞くと、ストリートチルドレンは性犯罪にあったり、麻薬漬けにされたり、殺されることも珍しくないという。

「パキスタンの男社会には、昔から少年を〝稚児《ちご》〟として身近に置く悪しき風習があるんだ」

ペシャワルだけでも五〇〇〇人のストリートチルドレンがいるという。話を聞きながらあの少年達の月に照らされた垢まみれの顔が浮かんだ。

ペシャワルは完全な男社会だ。女性は真昼の月のように存在感が薄い。そして町で気炎を上げている男達からは〝聖戦〟という言葉ばかりが聞こえてくる。バザールでも、モスクでも、カフェでも、臭ってくるのは〝アッラー・アクバル〟と叫ぶ男達の体臭ばかりだ。

一人の年配のイマームがそっと心の内の葛藤《かっとう》を語った。

「今、皆が〝アッラー・アクバル〟と呪文のように唱えているが、それはおかしい。〝アッラー・アクバル〟は、あのように使う言葉ではない。人を殺す為に唱える言葉ではない。元来の祈りの言葉を戦いに利用しているのは残念だ。イスラム教は、穏やかで人に優しい宗教のはずだ」

「宗教とは元々、一人一人の人間の心の中にあるものだ。心を神に向け祈る事が大切なんだ」

国境の町チャマンには、爆撃の始まったアフガニスタンから逃げて来た人々がいた。カンダハルから続く道を、それぞれに多くの袋を担いで次々にやって来る人々。国境といってもそこにはゲートが一か所あるだけで、地元民には国境という意識すらない。あとはどこまでも広がる荒野。吹いて来る風がつむじを巻いてくるくると回っている。同じ民族が二つの国をまたいで地続きに暮らしている――彼らは仲間だ、というペシャワルやクエッタの男達のあの怒りの激しさも納得できる。

ヘラートから来たという男性と話をした。「いきなり爆弾が降ってきたんだ」と彼は言った。そしてこう訊いてきた。

「それで、今度はどこが攻めてきたんだ?」

◇　　◇

戦争は、こんな素朴な人々の頭上にも爆弾を落としていく。

やられたらやり返せ！　アメリカの〝テロとの戦い〟も、報復ということでは同じだ。アメリカはタリバンをカブールから追い出し、アルカイダのメンバーを次々に殺していった。二〇一一年、ビン・ラディンも潜伏先のパキスタンで殺害された。

アメリカの〝テロとの戦い〟は、成果をあげたのだろうか？

いや、アメリカやその同盟国がアフガニスタン攻撃、その後のイラク攻撃、とその〝力〟を誇示すればするほどムスリムによる反発は拡がっていった。

あの時以来、〝アッラー・アクバル〟という言葉が、非ムスリムに恐怖を与える言葉になったのは確かだ。そして、それがムスリムと非ムスリムの間の溝をさらに深めている。欧米で疎外感を持ち、過激思想に走る若者達。彼らが〝ジハード〟と称して起こすテロは多くの市民を巻き込み、悲しみと憎しみを生み続けている。宗教、文化の衝突だけに届まらない人間の心という問題。

そして正義という有無を言わせぬ言葉が、簡単に人の命を奪っていく。

パレスチナ

2002年

ハマスの少年兵(ガザ地区ラファ)

イスラエルに死を！（ガザ地区ラファ）

祈ることが人生なのだ(東エルサレム，嘆きの壁)

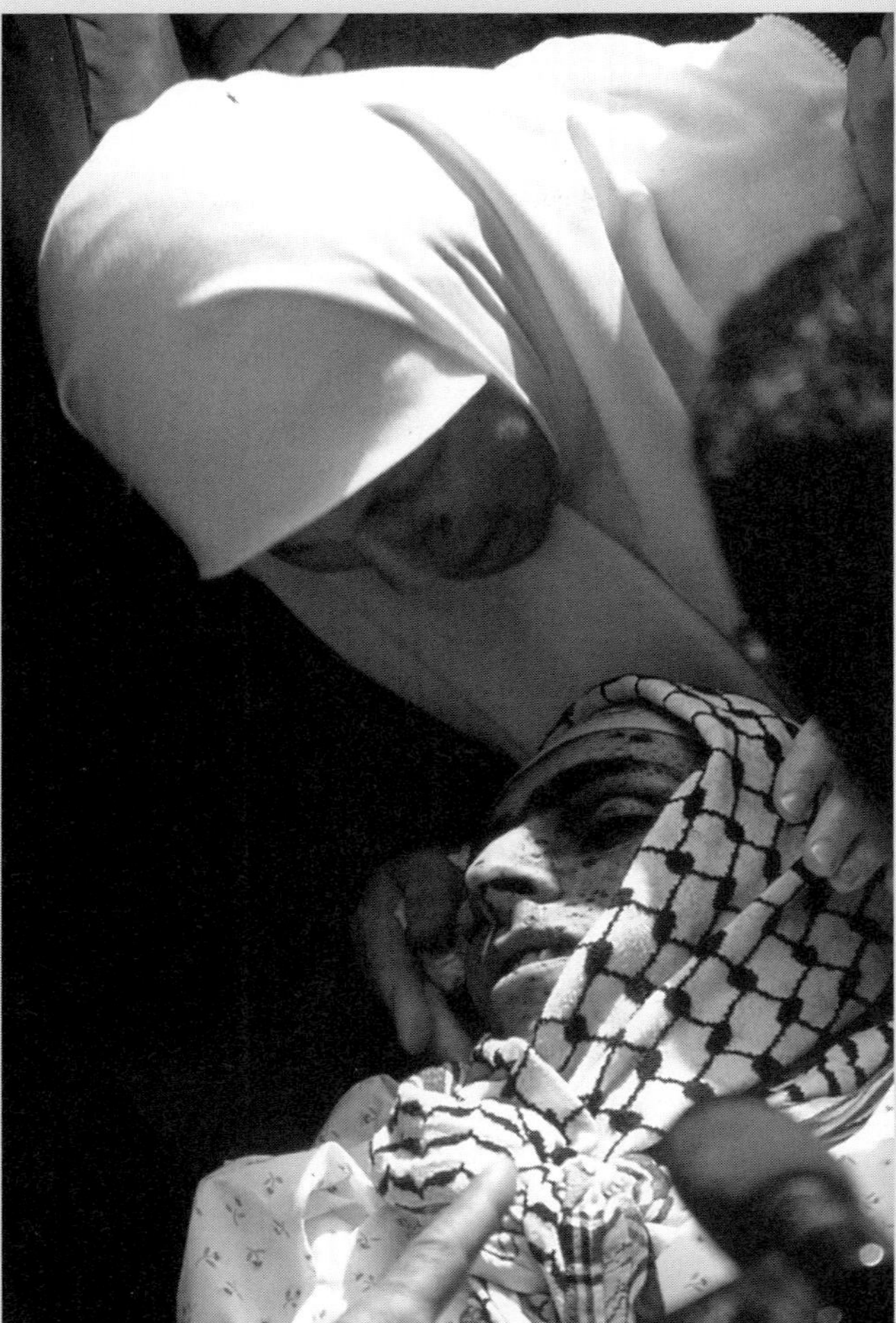

夫との別れ(ヨルダン川西岸地区トゥルカレム)

出動してきたイスラエル軍(ヨルダン川西岸地区ラマラ)

パレスチナ　2002 年

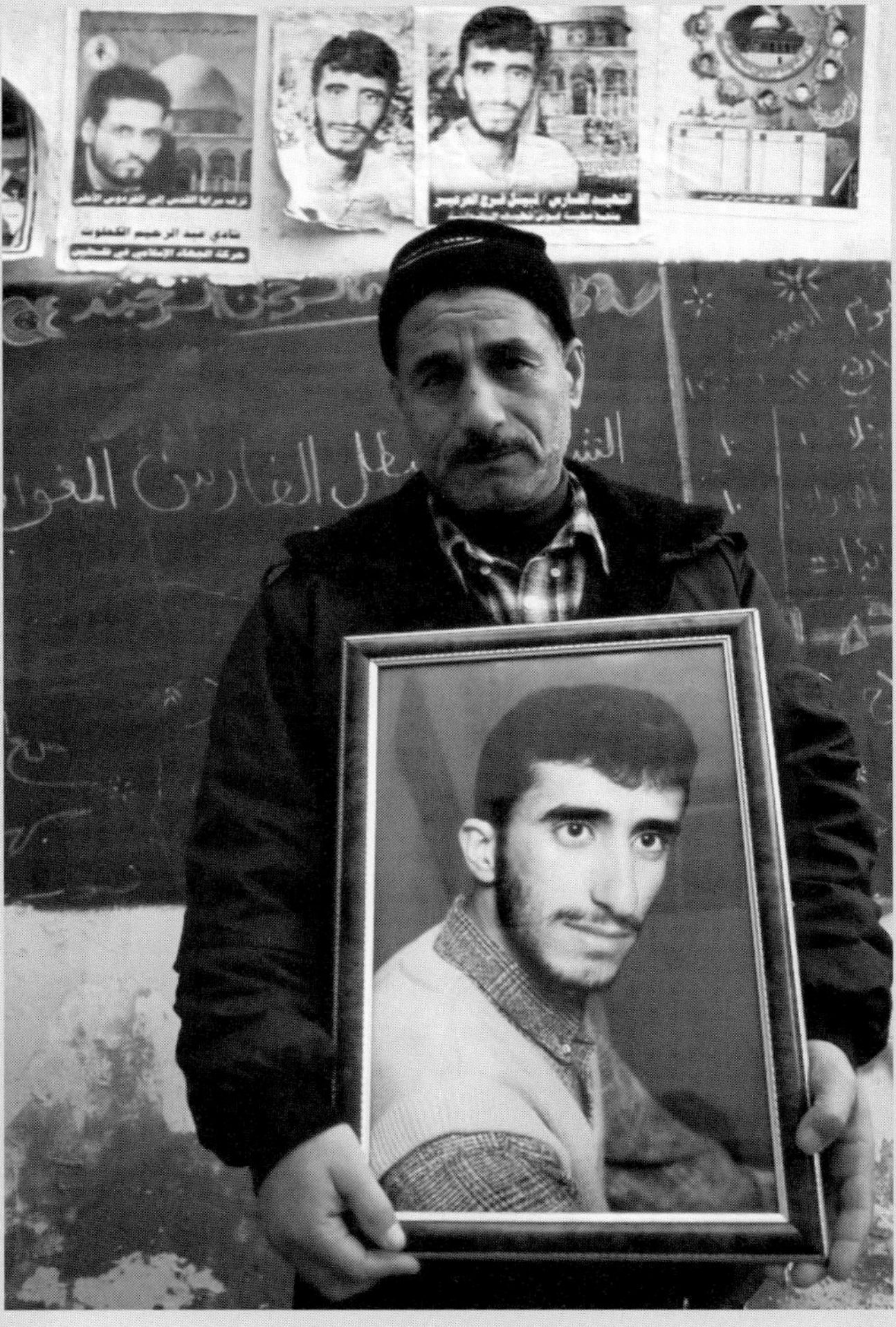

息子は自爆した……(ガザ地区ハンユニス)

「自爆攻撃がいけないことぐらい百も承知だ」

同行する現地のテレビカメラマン、アズミが車を運転しながら言った。

朝から降り続く雨が激しくなった。車のフロントワイパーがせわしなく行き来して雨をかき分けている。

「ただ、彼らの事を考えるとたまらない。僕は同じパレスチナ人として彼らの気持ちが多少なりとも理解できる。イスラエル軍は陸から戦車で、空から戦闘機でやってくる。そして、武器を持たない女性や子供までもが平気で殺されている。満足に対抗できる武器なんか何も持たない我々は、自分の体を吹き飛ばすという手段でしか抵抗できないんだよ。自爆は有効なカードなんだ」

殉教者

二〇〇二年一月、パレスチナ自治区ガザ。

我々はエジプトとの国境まで続く海岸道路をガザからハンユニスに向かっていた。でこぼこの道は降り続く雨でぬかるみ、所々に水溜《みずたま》りもできている。目の前の海で小さな漁船が沖へ出ようと波と格闘していた。

ハンユニスは、ハマスやイスラム聖戦機構など過激派と言われる組織の拠点で、イスラエル軍との激しい戦闘が続く町だった。


一時間半ほど走ってハンユニスの町に入った。町に入る頃には激しかった雨もあがり、雲の間から陽が射し込んできた。

雨上がりの町はシーンと不気味なほど静かだ。

コンクリートの塀や家の壁、電柱など、いたる所に貼られたポスターがすぐに目についた。色刷りの大きなポスターは、コンクリート剝《む》き出しの建物が並ぶ灰色の町の中で異様なほど目立っていた。

それは、戦闘で命を落とした兵士達のポスターだった。どのポスターの兵士も穏やかな笑顔で、まるで町の人々を見守るかのようにこちらを見ている。彼らは〝殉教者《じゅんきょうしゃ》〟として人々から敬われていた。

中にはまだ少年と思われる兵士のポスターもあった。その笑顔を見ると、「こんな少年までもが――」という、何ともやるせない思いが胸に突き上げて来る。

その時、アズミが一枚のポスターを指差した。それが今から訪ねようとしている家の息子、アブドゥラだった。ポスターの青年は優しい目をして、少しはにかんだように微笑んでいた。

アブドゥラ・イル・アッサ(一九)はこの町で育った。ガザの大学でエンジニアリングを専攻する学生だった彼は、前の年、ハマスの自爆攻撃要員としてハンユニス近郊のユダヤ人入植地で自爆した。その自爆で六人のイスラエル兵が死亡した。

複雑に入り組んだ路地を歩いて行く。民家の壁に描かれた「シオニストは出て行け」という殴り書きや、自動小銃をかざした腕のイラスト等が、次々と目に飛び込んでくる。

アブドゥラの家は曲がりくねった路地の先にあった。

突然訪ねてきた日本人に、アブドゥラの父親は少し驚いた顔をしたが、どうぞと家の中へ招き入れてくれた。絨毯《じゅうたん》の敷かれた八畳ほどの客間で床に胡坐《あぐら》をかいて話を聞いた。

「息子さんがハマスの自爆要員だったことは知っていましたか?」

沈黙が続いた。父親は下を向いてじっと絨毯の網目を見つめていた。

「息子がそんな事を考えていたなんて、まったく気付かなかった。ハマスのメンバーだとも知らなかった」

「よろしかったらあなたが息子さんの自爆を知った時のことを聞かせてください」

「あの日、アブドゥラは夜中になっても帰って来なかった。いつも家族で夕食を食べるのに――、何かあったのかと一晩中心配していた。翌日、テレビをつけたらいきなり息子の顔が映った。テレビの中で息子はイスラエルに対する聖戦を誓っていた。信じられなかった――。妻はその場に倒れ込んでしまった」

彼は自分の気持ちを確認するかのようにゆっくりと言葉を選んで話した。

「ここへ来る道で息子さんのポスターを見ました。殉教した英雄だと讃えられていますね」

「息子が笑顔でこっちを見ているのが辛い。いくらみんなからパレスチナの英雄と褒《ほ》め称えられても、息子はアッラーの御許に召されたのだと思っても、息子の死を〝よくやった〟と喜ぶことなどとてもできない。家族もみんなそう思っています。でも、悲しい、辛いとは口に出せない。ここでは英雄の父親なんですから――」

「息子さんの自爆で死んだイスラエル軍の兵士達にも悲しむ家族はいますよね」

「それはわかっています。私達よりもっと悲しんでいると思います。きっと彼らはパレスチナ人を一生怨むでしょう――」

お茶を運んで来たアブドゥラの母親が何か言いたそうに我々を見つめた。父親は一瞬厳しい目で妻を制した。

「ただ、思い返してみると、息子は生まれてからずっと争いの中で育ってきたのです。息子の友達も、何人かがイスラエルによる爆撃や銃撃で死んでしまった。短い人生だったが、息子は、余りにも多くの死を見過ぎてしまったんだ。きっと、自分がのうのうと生きていることに耐えられなかったのでしょう――」

一時間ほど、父親は息子の思い出を静かに、そして時には目を細めながら語った。飼っていたハトが死んだ時、一日中部屋に閉じこもって泣いていた息子。絵が上手で、よく家族をモデルにして絵を描いていた息子。六人兄弟の長男として育ったアブドゥラは小さい頃から手間のかからない息子だったという。そんな息子の幼い頃の話になると、父親の目に涙が滲んだ。

父親は我々を見送りに玄関の外に出ると、ふと空を見上げた。すっきりとした青空が広がっていた。

「息子と一緒に撮ってください」

と、父親は目をしばたかせながらカメラの前に立った。胸には息子アブドゥラの遺影が抱かれていた。

同じ年、ガザ地区ではもう二人の青年が自爆テロを起こした。ナビル・ファラジュ・イラアラーエル(二四)イスラム聖戦機構に所属。ハイネス近くのユダヤ人入植地で自爆。三人の一般ユダヤ人が死亡。イスマイリ・バシャール・エルマサ・ワビ(二三)グラフィックデザイナー、ハマスに所属。ドゥギットの北のユダヤ人入植地で自爆。二人のイスラエル兵が死亡。アブドゥラ、ナビル、イスマイリ、三人とも死の当日まで、胸に秘めた思いや決意の片鱗を、ピクリとも家族や周りの者達に見せなかった。

パレスチナの人々は大家族で暮らしている。アブドゥラはいつもと変わらず大勢の家族と共に食事をし、冗談を言って陽気に笑っていたという。そしてその朝、いつも通り「じゃー、行って来るね」と、家を出て行った。それが永遠の別れの挨拶だった。

突然知らされた息子の死。しかも、思いもしなかった自爆死。

残された家族はずっと、〝なぜ?〟という言葉をも口に出すことができず、悲しみを胸の奥に閉じ込めておかなければならなかった。

その後、彼らに続くように西エルサレム、テルアビブ、ハイファ、ナザレなどイスラエル各地の繁華街でパレスチナ人の若者による自爆テロは続いた。

そして自爆テロは、テロの犠牲者はもちろん、実行者の家族にもまた、癒えることのない悲しみを与え続けている。

ハマス

果たして、〝自爆テロ〟は有効なカードなのだろうか？

イスラエル軍は必ず、その何倍もの報復攻撃を返してくる。そしてまた、何倍もの人々が犠牲になる。その繰り返しなのに。

後日、エジプトとの国境の町ラファをイスラエル軍が攻撃しているとアズミが知らせてきた。これも報復だった。その二日前に、武装したハマスの兵士がユダヤ人入植地を攻撃し、何人かのイスラエル兵を殺したのだ。攻撃の後、ハマスの兵士達は勝ち誇ったように自動小銃を鳴らしながらラファの町を練り歩いたという。

イスラエル軍の報復は徹底していた。現場に駆けつけると、もうそこは、ここまでやるかと思う程、完全に更地《さらち》にされた後だった。

一部始終を近くで見ていた老婦人が興奮した様子で話してくれたところによると、ヘリコプターがやって来て攻撃した後、戦車が来て家を潰《つぶ》し、それからブルドーザーで整地したという。

「アパッチヘリだな、イスラエルのいつものやり方だ――」

と、アズミが呟いた。

イスラエル軍は、ハマスの兵士が潜伏していると疑われる民家を軒並に破壊したのだ。攻撃された民家は見たところ二〇軒ほどだろうか、家は跡形もなく壊され、瓦礫《がれき》が一か所にまとめて積まれていた。ヒジャブを被った女性達があちらこちらで泣いている。瓦礫を掘り返していた二人の男性が出てきた物のことで激しく言い争っている。皆、気が立っていた。

「いったい私達が何をしたっていうの！」

家財ごと家をただの瓦礫の山にされたアニサさん(四〇)は、怒りをぶつけるように喚きながら瓦礫の上にしゃがみ込んだ。

「私達がハマスとは何の関係もないことぐらいイスラエルだって知っているのに！　もう、ハマスも、ファタファも、パレスチナも、うんざりよ！」

一九八七年、パレスチナで第一次インティファーダ(民衆蜂起運動)が展開される中、ハマスは創設された。エジプトのイスラム原理主義組織「ムスリム同胞団」を母体としている。

ハマスは、当時の主流派であったPLO(パレスチナ解放機構)の柔軟路線を否定し、侵略者イスラエルへのジハード(聖戦)を徹底すると宣言していた。彼らにとってパレスチナ全土は、自分達が神から与えられた守るべき土地だった。

その聖戦のためには、自爆テロも厭《いと》わない。そのため、ハマスは過激派テロ組織として国際的に非難されていたが、しかし今、ガザ地区では「ハマス支持者」が急増していた。

PLOの主流派〝ファタファ〟による権力の独占と政治の腐敗がガザ地区の住民を怒らせていたのもその要因だった。ガザ地区には、ファタファの本拠地であるヨルダン川西岸地区に比べると、貧困層が多い。確かに検問所を抜けてガザ地区に入ると町の様子はがらりと変わる。道にはでこぼこの穴、トタン屋根の家が並ぶ迷路のような路地、垂れ下がった電線、町の空気は沈んでいた。ハマスはそんなガザ地区で、医療や教育、食糧支援などの福祉活動に力を入れ、貧困層を中心に支持を拡げていた。

実際、話を聞いたガザ地区の人々は皆、口を尖《とが》らせてファタファを批判した。

「国連からの援助のほとんどがPLOの幹部達の懐《ふところ》へ入っているんだ。ファタファはイスラエルよりもタチが悪い」

と、一人の若者が吐き捨てるように言った。

権力を持つ者たちだけに富が集まる。ガザの人々は、未来も夢もない今の状況に「もう、うんざり」していた。

街の政治集会で一人の女性がハマスの兵士に食ってかかっていた。女性は大きく手を広げて叫んでいた。

「あなた達に何ができるの！　何も変わらないじゃない！」

変えたいと思っても変えることのできない現実が、ここの人々の前に立ち塞がっていた。ハマスの兵士達にとってもそれは同じだ。打ち破ることのできない厳しい現実の壁が彼らの道を阻んでいる。兵士達はその女性の訴えをただ黙って聞いていた。

ヨルダン川西岸

もう一方のパレスチナ自治区、ヨルダン川西岸の町ナブルスに向かった。

一本の道がいくつかの丘を越えてナブルスに続いていた。さっきからタクシー運転手は、ユダヤ人入植者達の悪口を冗談を言うように喋り続けている。

ナブルスはオリーブオイルの生産で有名な町だ。道から見えるなだらかな丘の上にはオリーブの木が茂り、その間にユダヤ人入植地の白い住居が何軒か並んでいる。オリーブの実をいっぱいに積んだ荷車がロバに引かれていた。見ているだけだと、どこまでものどかな風景だ。

その時、イスラエル軍の検問所が見え、運転手がチェッ！　と舌打ちをした。

検問所には土嚢《どのう》が積まれ、四人の若い兵士が道の真ん中に立っていた。一〇分ほど待たされて順番が来た。運転手は〝うんざり〟という顔で車を降りたのだが、兵士の前でトランクを開けると今までの勢いは何処へ行ったのかと思うくらい従順な顔で、〝ほら、何もありませんよ〟と、トランクの中を見せている。やはり長いものには巻かれるしかない。

車の底まで鏡で覗《のぞ》かれ、身分証をチェックされて、検問所を抜けた。

パレスチナの人々は、いつも至る所でこんな検問を通らなくてはいけないのか。

町に入ると、賑やかな声が聞こえてきた。ガザとは違う町の活気に、なるほどと思う。通りには菓子屋、オリーブ石鹼の店、雑貨屋、楽器屋などの商店が並び、ジーンズ姿の若者達が闊達に歩いている。女性もカジュアルな服装だ。

路地から民族楽器ウードの弦を叩く音が響き渡り、そこに子供達の騒ぐ声、大人の呼び合う声などが入り混じって町の喧騒《けんそう》を作りだしている。

「この町で作るオリーブオイルや石鹸は世界一だよ」

と、店の親父が大きく手を広げ笑顔で自慢した。

が、「しかし――」

と、親父はすぐに顔をしかめ、自分達の不自由な生活をぼやいた。

周りをイスラエル軍に囲まれ、町の出入りには厳しい検問を通らなくてはいけない。さらに今、隔離壁《かくりへき》の建設も始まっていた。

数日前には、隔離壁のために自分のオリーブの木が切り倒されるというので抗議していた老人が何者かに殺される、という事件も起きていた。

親父はオーバーな仕草で肩をすくめた。

「まるで虫けら扱いだよ。我々はユダヤ人に全身縛られて、手だけで商売しているようなものさ」

それにしてもここの人達はとにかく陽気だ。戦車に取り囲まれ、抵抗すると殺されるかもしれないという状況の中で、持ち前の明るさと助け合いが彼らの暮らしを支えている。

決して豊かとは言えないが、町には元気な笑い声が溢れている。

この笑顔は自分達の民族の誇りなんだ――、彼らはそう言っているのだろう。町のモスクのスピーカーから祈りの時を告げる〝アザーン〟が響き渡った。その場にいた人達が皆、仕事の手を止めて道の真ん中に列を作った。そして、一斉にメッカに向かって跪き祈り始めた。

ファタファの幹部の一人がイスラエルの仕掛け爆弾によって暗殺された。ハマスやファタファの軍事部門の幹部は常にイスラエル当局から命を狙われている。

その葬儀が、ヨルダン川西岸の町トゥルカレムで行われた。

町は、葬列を見送る人々で溢れかえっていた。狭い路地や家の屋根にまでつめかけた人々が、口々に死を悼《いた》む言葉を叫んでいる。

葬列は、興奮とともに進んでいった。

と、墓地の近くで葬列が突然止まった。そこに彼の妻が待っていた。

遺体を担いでいた兵士達が、そっと遺体を下ろした。妻は夫の傍らに歩み寄ると、夫の顔を両手で包み込み、額にそっとキスをした。

それは、イスラムの慣習で埋葬には参列できない妻の、夫との〝最後の別れのキス〟だった。

　彼には妻と二人の子供がいた。家庭での彼は、良き夫、良き父親だったことだろう。今、彼は〝夫という個人〟として妻と別れて行ったのだ。


「紛争の犠牲者が五人、一〇人と数で報道されるのが気になる」

と、画家だというパレスチナ人男性が言った。

「人の命は数字では表せない。個人よりも大地とか国の未来の方が優先されているが、犠牲になるのは個人なのだ」

　紛争で多くの〝個人〟の命が失われ、〝個人との別れ〟が悲しみと共に繰り返されてきた。それでも、報復の応酬は終わることなく続いている。


　その後、ファタファは報復として、西エルサレムの成人式パーティの会場で自動小銃を乱射し、ユダヤ人の若者六人を殺害した。ユダヤ人にとって成人式は特に大切な宗教儀式だ。ファタファはそれを狙った。

　すると今度は、イスラエル軍がトゥルカレムを空爆し、放送局や市街地を破壊した後、幹線道路を戦車で封鎖した。

その戦車に向かって、パレスチナの少年達が、口々に汚い言葉で挑発しては、次々に石を投げつけていた。

イスラエル軍の兵士達も、さすがに本気で子供達を狙ってはいないが、その時、一発の銃弾が飛んで、たまたま一人の少年の顔をかすめた。少年の顔から血が噴き出した時、撃った兵士が思わず〝おっと〟という顔をした。

少年達は、かなう相手ではない本物の戦車と本物の銃を相手に真剣に石を投げ続けている。

再びガザ地区

その日、ラファは騒然としていた。二〇〇〇人を超すであろう男達が、降りしきる雨の中で口々に叫んでいる。兵士達が、四人の殉教した仲間の遺体を担いでいた。ユダヤ人入植地にゲリラ攻撃をかけた四人のハマスの兵士の遺体がイスラエル側から還されてきたのだ。彼らはイスラエル兵三人を殺害したが、その後射殺された。

「アッラー・アクバル！　アッラー・アクバル！　シオニストに死を！　イスラエルに復讐を！」

葬列から沸き上がる噴気《ふんき》と熱気は、立ち昇る湯気となって、辺りの空気を曇らせていた。

その時、自動小銃と手榴弾で武装した一人の少年が、葬列の中からこちらに向かって口を尖らせた。

「僕もやってやる。ユダヤ人を吹き飛ばしてやる！」

と、そのアヴという少年は体に爆弾を巻きつける仕草をして見せた。隣にいた兵士があわてて少年をたしなめた。さすがに外国人を前にして、これはまずいと思ったのか。

モスクの中から四人の遺体が出てきた瞬間、興奮は最高潮になった。白地に紺《こん》のダビデの星が描かれたイスラエル国旗に火がつけられた。燃え上がったイスラエル国旗は、たちまち灰となり、男達の叫び声は一段と強くなった。

「アッラー・アクバル！　復讐だ！」

神との約束

西エルサレムから東エルサレムへと一本の道が通っている。

近代的なビルや洒落た店が並ぶ西エルサレムから、道は一度下って、歴史の町、東エルサレムの丘へとまた上がっていく。ユダヤの民にとって、三キロほどのこの道は、聖地「嘆きの壁」へと続く悲願の道だ。

彼らの祖先達は、紀元前一〇〇〇年の昔からこの地で栄華を極めたが、その後滅ぼされ、国を追われた。東エルサレムは、その子孫達がやっと自分達の手に取り戻した、〝神との約束の地〟なのだ。

一方のイスラム教徒もまた、この地を長く支配していた。七世紀に建てられた「岩のドーム」によって、エルサレムはイスラム教徒の聖都となった。

そしてまた、イスラム教の始まりより約六〇〇年前、キリスト教の〝神の子〟イエスは、この街に足跡を残していた。その足跡は、キリスト教信者にとっての聖なる場所だ。

という知識をもって東エルサレムに来たが、実際に城壁の中の旧市街を歩くと、そこはまさに「祈りのテーマパーク」かと思う程ややこしい。しかし、確かにその歴史の重みには圧倒される。

小さな街のいたる所に〝神との対話〟の聖地が現れる。スパイスの刺激臭と、果物の甘い香りが漂うムスリム地区の狭い路地を抜けると、イスラム教の聖地「岩のドーム」に行きあたる。そのすぐ下が、ユダヤ教の聖地「嘆きの壁」だ。横に、イエスが十字架を背負って登ったという石段が続いている。

すり減って角の丸くなった石段の前で、キリスト教徒の旅行者が、胸に十字を切って祈っていた。

「あの時、キリスト教徒は誰一人イエスを助けることができなかった。それは我々キリスト教徒の罪だ」

と、彼は呟いた。

「嘆きの壁」では、垂らしたもみあげに黒い帽子、黒の上下の、ユダヤ教超正統派の男性が、壁に向かって体を前後に揺さぶりながら一心に祈っていた。

祈りを終えた男性に声をかけ、「何のために祈るのか?」という愚かな質問をしてみた。

男性はニコリともせず無愛想だったが、言葉は丁寧だった。

「祈ることが人生なのだ。人生八〇年、ずっと祈り続けてもまだ足りない。いっそのこと、この壁の中に入ってしまいたい」

その顔は、世俗の事にはまったく興味がないという風だ。〝神に選ばれし民〟という言葉を彼は何度も口にした。神は自分達を選んだ――その誇りが彼をひたすらに祈りへと向かわせているのか。

あの激しい雨の日、ガザのモスクの中庭で、一心に祈っていた一人の少年の姿を思い出した。あの少年もやはり、ひたすらに神の前に体を投げ出していた。

太古の昔から人間は祈ってきた

〝祈り〟は人間の生命と結びついている。

この世があり、あの世があり、せめてあの世は平和に満ちた素晴らしい所だと信じたい。この世を生きるのはなかなか大変なのだから。

神は、自身の創ったこの世で人に試練を与えるという。そして、人は試練と向きあいながら神の声を聞こうとする。

ある時、この地にモーゼが現れ、イエスが現れ、ムハンマドが現れ、試練に立ち向かう人々に神の声を届けた。ユダヤ教、キリスト教、イスラム教、それぞれの神は同じ神だというが、その神の声を、人々は別々に聞くようになり、祈りの形もまた別れていった。

そして、元は皆アブラハムの子であるはずの人々の間に争いが生まれ、祈りと共に殺し合いが続けられた。〝殺し合い〟は〝祈り〟と、どう折り合いをつけられているのか。

かつてこの地を追われ、行き着いた各地で差別され、そのあげくにホロコーストまで経験したユダヤ人達。彼らも自分達の祖国を取り戻したいと、民族の誇りをかけて神に祈り続けてきた。そして、その悲願を成し遂げる為に流された多くの血。

〝祈り〟というフィルターを外すと、このパレスチナ紛争も、土地の奪い合いということになる。第一次世界大戦時にイギリスが使ったあの〝三枚舌〟で、今のパレスチナの土地争いが始まったといわれている。だが元をたどれば、双方にこの土地を約束したのは〝神〟だった。

そして〝神〟が絡むと土地争いは〝聖戦〟となる。

イスラエルには男女を問わず兵役の義務がある。西エルサレムの町の通りには、二〇メートルおきぐらいに若い兵士が立っていた。

あの頃、町のあちこちで自爆テロが頻発していた。しかしなぜか町の様子は厳戒態勢《げんかいたいせい》のようには見えない。兵士達はアイスクリームを舐《な》めていたり、携帯電話で話していたりと、何とも自由なのだ。そういえば、東エルサレムの嘆きの壁で隊列を組んで歩いていた女性兵士達も、こちらに向かって「ハァーイ」と陽気に手を振って、まるで旅行中の女学生の集団のように見えた。

携帯電話で話をしていた若い兵士に声をかけた。

「今の電話？　彼女だよ。心配して一日何回もかけてくるんだ。こうやって見張っているのは疲れるよ。ずっと緊張しているから、電話が鳴っただけでもビクッとするんだ」

確かにどの兵士も目だけはキョロキョロと周りを見回している。いつ自分の傍らで爆弾が爆発するかもしれないという緊張の中だから、アイスクリームでも舐めないと神経がもたないということなんだな。

これも国民性といえばそうなのだが、それにしても彼らを見ていると、紛争中だというのに何か余裕のようなものすら感じてくる。

もちろん自爆テロが、イスラエルの人々の日常に恐怖を植えつけているのは確かだった。西エルサレムのレストラン。ドアを開けると、中で食事をしていた人達が一斉にこちらを見た。一瞬の鋭い視線。そしてまた、何事もなかったかのように彼らは食事を続けた。入り口で警備の兵士がしっかりと目を光らせていても、この町の人々は、周りのちょっとした動きにも敏感に反応する。自分の身を守るのは自分なのだ。

通勤バスの中でも、町中のカフェでも、人々の視線は絶えず落ち着かない。通りを歩きながら度々後ろを振り返るというのも、何処にいるかわからないテロリストに対する脅えの表れなのだ。

しかし、危ないとわかっているレストランやカフェに、こんなに人が集まるのはなぜなのか？

「自爆テロが怖くて外も歩けなくなったら、我々がパレスチナ人に負けたって事になるだろ」

と、見張りをしていた兵士が言った。


彼らが危険人物として注意しているのは、もちろんパレスチナ人だ。緊張の中にいると、町を行くパレスチナ人が皆、体に爆弾を巻きつけているように見えてきても不思議ではない。そして、その脅えが、さらなるパレスチナ人への憎しみを生んでいるのは確かだ。

この憎しみの連鎖を断ち切ろうと、兵役拒否という手段で声を上げた若者達もいる。この国で兵役を拒否するという事は、刑務所に入れられ、友人も家族も失うという事だ。それでも彼らは声を上げた。

イスラエルのやっていることは非人道的だ、もう殺し合いは止めよう——と彼らは政府に抗議する。が、彼らの行動は大半の人間からは〝非国民〟と罵《ののし》られ理解してもらえない。

レストランで声をかけてきた隣のテーブルの男性に、兵役についてどう思うかと質問してみた。

「我々の国は兵士が守っているんだ。イスラエルの兵士は強いんだよ。最近は兵役を拒否する奴らがいるようだが、まったく話にならないね。国を守らないでどうするんだ。彼らはパレスチナ人と対話集会を開いたりしているが、最後はいつも大喧嘩になって終わるらしいよ。当たり前さ」

やはりこれが大方の人々の意見なのか。

確かにイスラエルという国を、国民は力を合わせて守ってきた。第二次世界大戦後の建国以来、四度にわたる中東戦争を凌いで国を守ってきたという自負がこの国の人々を支えている。

しかし、守るための戦いが、今にいたっては占領のための攻撃になっているのではないか——兵役拒否をした若者達は、そのことを指摘しているのだ。

今も彼らの言葉はなかなか皆に届かない。国内のジャーナリズムも、反戦運動には無視を続けている。

ここの人々は一応に〝パレスチナ人〟という言葉に不快感を示す。この国の人達は、子供の頃からパレスチナの人々を〝加害者という敵〟として見て育ってきたのだ。

死海で小学生の遠足と出会った時のことだ。リーダーらしき男の子が背中に銃を担いでいた。女の子のリーダーは腰の後ろに小型拳銃を差している。引率の教師ももちろん銃を持ち、空では警戒中のF16戦闘機がやって来て低空を何度か旋回していった。その姿に驚いてカメラを向けたが、教師に笑顔でやんわりと断られた。

すぐ隣にいる敵……。

これがイスラエルの子供達の当たり前なのだ。

そういう中で大人になった人達が、急にパレスチナの人々と友達になれるわけはない。

西エルサレムの美術品を扱う店の女主人は、穏やかな笑顔の優しい雰囲気の女性だった。落ち着いたインテリアの店内には宗教画や美しい小物などが並べられていた。商品を見せてもらいながら話をしていた時、話が取材の事からパレスチナ人の事になった。その途端、女性はその笑顔を険しく曇らせ、きつい口調で言った。

「無理です。仲良くできるわけがない。絶対に一緒には暮らせません」

紛争は、今も終わりが見えない

その後、パレスチナの人々の状況は、より深刻な事態になっていった。

二〇〇五年、イスラエルはガザ地区から撤退したが、その代わりにガザ地区の周囲を封鎖した。

二〇〇六年、ハマスがパレスチナの第一党となりガザ地区を支配すると、イスラエルは封鎖をより強化し、ガザ地区の人々の出入りを完全にシャットアウトしてしまった。

その後もイスラエルは、ハマスがロケット攻撃や兵士の誘拐などを仕掛けるたびに軍事侵攻を繰り返した。特に、二〇一四年の大規模軍事侵攻では国際的非難を受けながらも、五〇日間にわたる空と陸からの激しい攻撃が続けられ、ガザ地区の死者は二〇〇〇人を超え、負傷者は約一万一〇〇〇人、その七〇パーセントが民間人だと発表された。住宅、農地、発電所などもことごとく破壊され、停戦後の今も復興は進んでいない。

一八〇万人の住民は、いまや「世界最大の刑務所」といわれるガザ地区に閉じ込められたまま、深刻な人道的危機の状況に陥っている。

また、ヨルダン川西岸地区では、ユダヤ人入植地が次々と増やされていった。それと共にこれもまた国際的な非難を受け続けてきた隔離壁ができ上がろうとしている。この壁によってパレスチナ人の居住区は飛び地に分断され、さらに厳しくなったイスラエル軍の監視のもとで、住民は以前にもまして不自由な生活を強いられている。

◇　◇

イスラエルは、欧米の帝国主義的政策に歩調を合わせ、その圧倒的な軍事力で紛争の勝者となってきた。

その中での一九九三年のオスロ合意は画期的な歩み寄りだった。イスラエルのラビン首相とPLOのアラファト議長が握手するシーンに世界中は平和を予見した。それはパレスチナ独立国家樹立への一歩のはずだった。しかし、そのわずか二年後、ラビン首相は暗殺され、合意はうやむやになってしまった。

結局、イスラエル国民は〝神との約束の地〟を一坪たりとも渡す気はなく、ハマスを選んだパレスチナの人々も〝神から与えられた土地〟を諦める気はないということだ。

取材中、常に感じた濃厚な霧に包まれているような空気の感覚。それはこの双方の、神に認められた民族だという誇りが、余りにも濃縮されて溜まりに溜まったせいなのかもしれない。

溜まった重い空気は出口が無く、〝神〟を巻き込んでの聖戦は続けられている。

そして今、イスラエルではユダヤ教超正統派の数がさらに増え、彼らは以前にもまして極端なシオニズムに傾倒しているという。極端なナショナリズムが迫害を生む――それは歴史の中で繰り返されてきたことだ。

嘆きの壁で、岩のドームで、祈りは続けられている。

祈りと争いというテーマは難しい。神とは何か？　などと安易に語ることはできない。しかし、神に祈る時、人は自分の心と向き合う。祈りが心の平安を求めているというのは確かだろう。そして、神に身を委ねるだけでは紛争を解決することはできないということも、また確かだ。

憎しみや争いが人間の心から生まれてくるのなら、それを解決するのも人間の心と英知なのだから。

彼らの心の中にある互いへの憎しみが理解に変わる日は来るのだろうか？

やはり、あの世ではないこの世の平安は我々人間が創り上げなければいけない。

南スーダン

2003年

スーダンの一本立ち（アレク村　2003 年）

精霊達と生きる人々(チュリル村　2003 年)

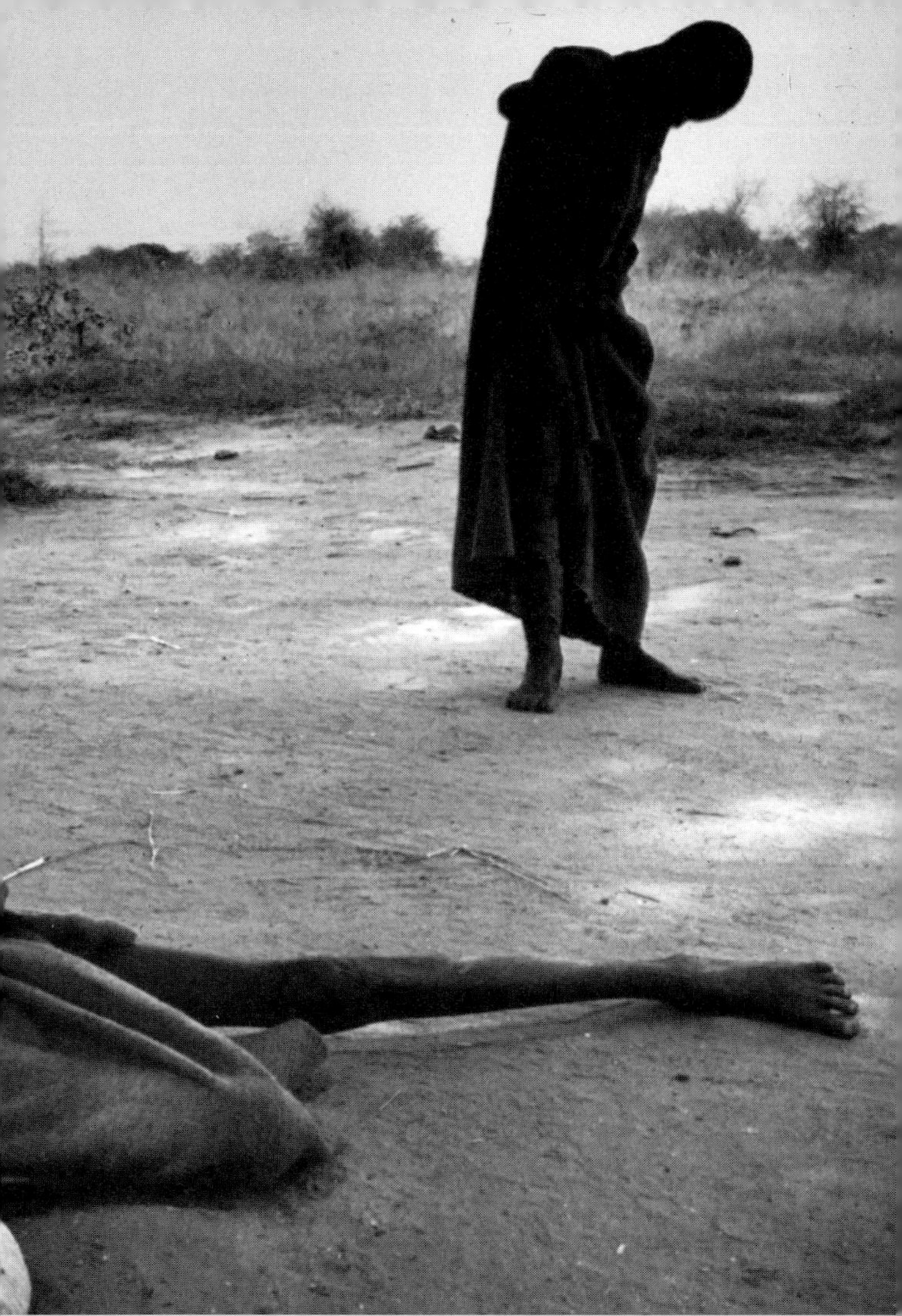

力尽きて倒れた少年(ラフォーンのテント近く　1994 年)

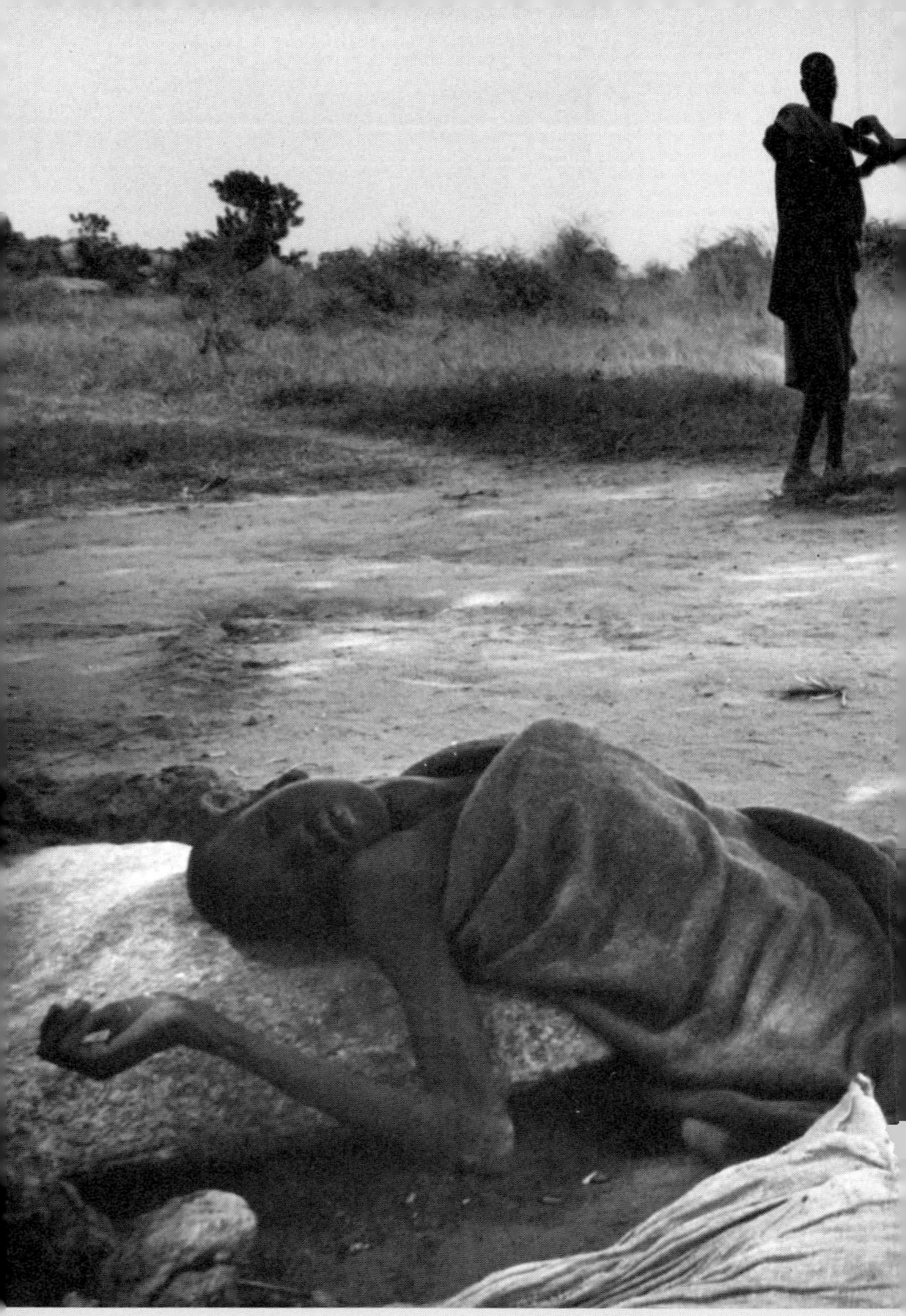

体を洗ってもらう（ラフォーンのテント　1994 年）

南スーダン　2003 年

行く先は？（ラフォーンのテント　1994 年）

こぼれた米を拾う（アレク村　2003 年）

薬さえあれば防げた目の光（アレク村　2003 年）

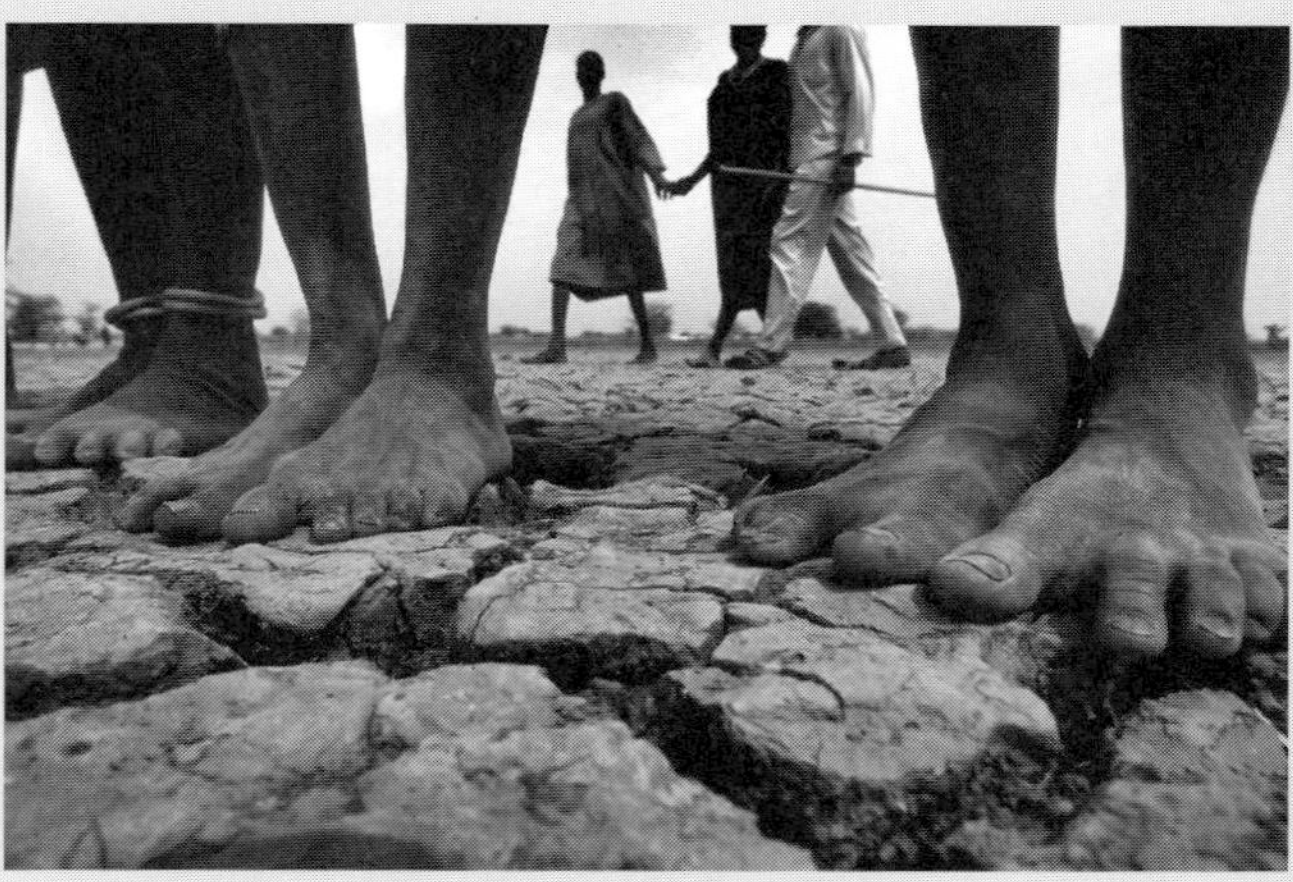

灼熱の大地（アレク村　2003 年）

命を繋ぐ食糧（アレク村　2003 年）

二〇〇三年六月、九年ぶりのケニア。ナイロビは、新しいホテルが二つ三つ増えてはいたが、町の様子は何も変わっていない。

町を走るボロボロのタクシーは、相変わらずガソリン代を前払いで請求する。芸術的にすばしっこいひったくり小僧達も、世代は変わったのだろうが健在だ。町のあちこちで常にゴタゴタの騒ぎが起きていた。

しかし、ふと気がつくと手足が大きく伸びをしている。

星の数ほどもあるもろもろやゴタゴタを、「まっ、こんなものさ」と受け流す、そんな空気に囲まれると、心がどんどん解放されていく。アフリカにはおおらかな空気が流れている。

植民地時代の遺産、スタンレーホテルのカフェテラスは大きなアカシアの樹の下にあった。多くの白人観光客の間を、白い制服を着た黒人のウエイターが動き回っている。人々にとって植民地時代は果たして正の遺産なのか負の遺産なのか……。

小型乗り合いバス〝マタトゥー〟が客を詰め込み過ぎて、またいつもの急坂でエンストしていた。乗客が降りてバスの尻を押している。

「ここの人達は学習するということをしないんだな。それでいつもゴタゴタを抱えているんだ」

と、愛を込めて笑っていたナイロビ在住の友人の言葉を思い出した。

その友人、共同通信ナイロビ特派員の沼沢均氏は一九九四年一二月、取材途中の飛行機事故により、この愛してやまないケニアで帰らぬ人となった。

ナイロビの町のあちこちに彼との思い出が詰まっている。本当に笑顔の爽やかな人だった。

ナイロビ郊外のウイルソンという小さな空港から六人乗りの小型機に乗り、スーダンとの国境にあるロキチョキオに向かった。そこから南部スーダンへ入る予定だ。

ナイロビのビルやアフリカ最大といわれるスラム街、そして隣接するナイロビ・ナショナルパークが機窓の後方へゆっくりと遠ざかっていく。遥か後方、雲の上にキリマンジャロが顔を出した。

やがてマサイの村々を下に見た後、機体は地球の大きな裂け目、〝大地溝帯〟を飛び越えた。その後はずっと見渡す限りの荒れ地と岩山。寂寥《せきりょう》とした光景を目に、エンジンの規則正しい音が眠りに誘う。どこまで飛んでも、ただただ雄大な大地だけが広がっている。

スーダンではずっと内戦が続いていた

スーダンも他のアフリカ諸国同様、植民地として強引に作られた国だった。となると当然、多くの問題を抱え込む事になる。民族も宗教も違う人々が、一つの大きなスーダンという国の中に入れられてしまったのだ。スーダンは一九五六年にイギリスとエジプトによる植民地支配から独立を果たしたが、民族や宗教の問題は、その後に長く続く内戦の要因となった。

独立後、北部のアラブ系イスラム教徒が支配する独裁政権への抵抗運動が続いた。そして、一九八三年に南部の黒人勢力が反政府組織〝スーダン人民解放軍(SPLA)〟を結成、国は第二次スーダン内戦へと突入したのだった。

内戦は何度かの和平合意にもかかわらず、拡大していった。戦火に追われた人々は家を棄て、逃げるより他に道はなくなってしまった。

九年前の一九九四年、沼沢氏と一緒に内戦の続く南部スーダンのラフォーンという村を取材した。当時、その村には、内戦の中心地ジュバから逃れて来る難民達を受け入れる最前線として、赤十字国際委員会の救護所が設けられていた。

救護所は草原の中の大木の陰に大きなテントが三つ立てられ、中でイギリス人の女性二人、男性二人のスタッフが、現地スタッフと共に次々とたどり着く人々の看護にあたっていた。

一人の青年がテントにやって来た。青年の全身には厄介な皮膚病の疥癬《かいせん》が拡がっている。特に足は皮膚が斑《まだら》になるほどひどい状態だ。現地スタッフが青年の服を脱がせると頭から水をかけ、体を洗い始めた。ここのスタッフは青年の体を洗いながら、しきりと大きな声で笑って話しかけている。ここのスタッフはみな陽気だ。

泡だらけになってゴシゴシ擦ってもらう青年の背中には骨が浮き出ていた。ポタポタと滴を垂らすその顔に、ホッとした表情が浮かんだ。

「さぞ痒かっただろう。疥癬は二四時間痒い。たまらないよ」

スタッフは洗い終わると、青年の全身に軟膏《なんこう》を塗った。

「これで何とか痒みは治まるだろうが、まず栄養をつけなきゃ」

と、彼は白い歯を剝きだして青年に笑いかけた。

皆、ジュバから身一つで戦火を逃れ、長い道のりを歩いてここにたどり着いていた。そのために大半が膝の関節を痛めていた。また、結膜炎などの眼病や結核に感染している者も多いという。

ここで力尽きて動けなくなった者は、萱《かや》ぶきで作られた小屋に寝かされていた。その時は三〇人ほどが収容されていたが、皆、命の限界かと思うまでにガリガリに痩《や》せ細ってここにたどり着いていた。

ここに収容されると、最初は豆の入った粥《かゆ》、体力がついてくるとナンなどの食事を与えられる。そして体力が回復した者から、トラックで二〇〇キロ離れた別の国連テントに運ばれ、そこからさらにウガンダ国境のニムレキャンプやケニア国境のカクマキャンプ等に収容されるという。

ここにやって来るのは男ばかり、それもこの過酷な道のりを自力で歩き通せる若者だけだった。彼らの中には、SPLAによる強制リクルートから逃げてきた者もいた。SPLAが強引に若者を兵士として引っぱり、拒むと手足を切り落とされるか殺される――という噂が広まっていた。とにかく逃げ出すしか道はなかった。

しかし、内戦で食糧は簡単には手に入らなくなり、人々はずっと飢餓の状態だった。その極限状態の体で何日も歩き通して来るのだ。とりあえず逃げ出しても、ここにたどり着く前に途中で行き倒れる事も多い。スタッフ達は、トラックで巡回し、倒れている者達を見つけると、テントに運んで来ていた。

このテントまで、とにかくたどり着けば何とかなるのだが――。

次の日、テントに続く一本道を歩いているとテントから四キロ程行った所で、倒れている少年に遭遇《そうぐう》した。その少年は路傍《ろぼう》の木陰の大きな石にもたれかかるように倒れ込んでいた。その横に心配そうに少年を見ている二人の連れがいた。

少年は根尽き果てもう一歩も歩けないという様子で、痩せ細り疥癬が拡がった長い足を地面に投げ出していた。〝何か食べる物を〟とでも言うようにしきりと手を口のところにもっていくのだが、彼の目はもう虚《うつ》ろだった。

言葉はまったく通じない。身振り手振りで、「もう大丈夫だ。あと少しで赤十字のテントがある。スタッフを呼んで来るから」と夢中で伝えた。

ふとあたりを見回すと、すぐ近くの岩山の陰にもまだ相当の数の人間が倒れているのがわかった。皆、力尽きていた。

急いでテントに引き返しスタッフに車で迎えに行ってもらったが、少年は助からなかった。彼の旅は、ここで終わってしまった。

その時、テントで治療を受け足に包帯を巻いた一人の青年が、木の枝を杖がわりにして何処かに向かって去って行った。あの足で何処に行くのだろう。青年は杖をつき片足を庇いながらゆっくりと遠ざかって行った。その後ろ姿に祈るような気持ちでレンズを向けた。

あれから九年、今回訪れるのは南部スーダンの辺境の地、地図ではチュリルとなっている村だ。

南部スーダンの広い国土には、今も昔ながらの生活を続けている集落が点在している。

「南部スーダンの奥地に行くたびに自分が大昔にタイムスリップしたような感じになる。ひょっとしたら何千年もの間、彼らの暮らしは変わってないいんじゃないか？　牛がいなければ縄文人だよ」

そういう沼沢氏の話を聞いてからずっと、そんな人々の生活を撮りたいと思っていた。

国連の小型機でチュリル村に降りた。干ばつで飢饉に見舞われたこの村には、今、WFP(世界食糧計画)の駐在所が置かれていた。

裸の小さな子供達が、少し充血した大きな目でこちらを見上げていた。首には豆で作った首飾り。虫除けの灰を塗り洟《はな》を垂らした顔が、不思議そうにこちらを見ている。少し年長の子供達は、ダブダブの半ズボンに破れたランニングシャツ。

久々に飛んで来た飛行機に、大人達も集まって来た。ここの人達は男女とも皆、びっくりするほど背が高い。二メートル近い身体から長い手足が伸びている。

大きな木の傍らに二、三軒の家、また向こうの木の傍らに二、三軒。ここもSPLAの分派ラーフの支配地だと言うが、戦闘の影などまったく見えない静かな村だ。

それにしても、暑さは凄まじい。昼間の気温は四〇度を超えるという。飲んだ水がたちまち汗に変わり、皮膚にザラザラと塩が浮いてくる。顔が煮干しのように乾いて痒《かゆ》くなる。息をするのにも自然と肩に力が入るほど、空気が重い。人も、家も、木立も、陽炎《かげろう》の中にゆらゆらと揺れている。

赤茶色の土地は、深くひび割れていた。これでは作物を育てる事などできない。雨がまったく降らないのだ。ここ数年、まとまった雨は降った記録がないという。

元々、南部スーダンは比較的肥沃《ひよく》な土地だった。雨季と乾季の自然のサイクルが繰り返され、白ナイル川は人々に恵みを与えていた。

その豊かな大地で、人々はいくつかの部族に分かれ、それぞれに昔ながらの生活を続けてきた。芋や、粟や、稗、豆などを栽培する農耕、牛や山羊を遊牧する牧畜、いずれも牛が貨幣の役目をするような素朴な暮らしだ。

だが、自然と共に暮らす生活は、自然による災害とも向き合わなければならない。ひとたび大雨が降ると洪水に見舞われ、雨が降らなければ干ばつに見舞われる。

この地方でも近年干ばつが進み、飢饉が人々を襲った。しかし国は内戦状態で、人々を守るどころではない。こうして南部スーダンの多くの村は飢餓の状態に陥ってしまった。

そして今、人々の命を守っているのはＷＦＰの援助食糧だった。


家は牛糞と泥を混ぜこねて造られていた。中に入れてもらうと、薄暗い室内は思ったより風通しが良く、外の暑さに比べるといくらか涼しく感じられた。一〇畳ほどのひと間の隅に農具や鍋がきちんと置かれ、その横に木の箱が一つ。

家の外で、一二歳くらいの少年が、石を五、六個積み上げて作ったかまどの上の鍋をかきまわしていた。鍋の中では美味そうな豆がぐつぐつ煮えている。

不便なほど重そうな角を横に張り出した白い牛が、子供達から小枝で尻を叩かれ、面倒くさそうに腰を上げてのろのろと何処かへ歩いて行った。

一人の少年が村を案内してくれるという。少年は人懐っこい笑顔で色々と話しかけてきた。

互いの言っている事の意味は一〇パーセントも理解し合ってはいないと思うが、身振り手振りで会話が弾む。

道で牛や山羊を連れた少年を何人も見かけた。牛の世話は少年達の仕事でもあり、遊びでもあるようだ。

歩いていると、途中の家々からも村人達が声をかけてきた。

「あんたは何処から来たのか」と訊いているらしい。

地面に簡単な世界地図を描き、日本を指したが、やはり不思議そうな顔をされた。

ここの人達は物静かだ。大声を上げる事もなく、穏やかな物腰のその顔に浮かぶ微かな笑みが何とも温かい。

この村の人々の穏やかな顔からは、およそ争いや暴力といった事の想像がつかない。この村からも多くの若者がＳＰＬＡの兵士になって村を出て行ったというが、それは、それが唯一の仕事だからだ。果たして彼らは何の為に戦っているのだろうか。

以前、前線に程近い基地でＳＰＬＡの兵士を取材したが、彼らは驚くほどのんびりしていた。カメラを意識して整列した兵士達は、一瞬は銃を構えて真剣な顔を作ったりするのだが、すぐに緩む。一人の若い兵士がこっちを向いてニコッと笑った。その人懐っこい笑顔がずっと頭に残っていたのだが、彼もこんな村で子供の頃からずっと牛と暮らしていたのだとしたら――あの笑顔は納得だ。

それにしても村の時間は止まっているかと思うくらいにゆっくりと過ぎていく。村人達は木陰や家の中でただじっと時が過ぎるのを待っている。確かにこう暑いと、日中は木陰に逃げ込むしかないのだが、時間に追われる社会から来た人間の性なのか、ここまで何もすることがないと戸惑いを感じてしまう。

やがて、美しい夕映えが色を落とし始めた。

トントントントン――、近くで杵《きね》打つ音が聞こえてきた。トウモロコシを挽《ひ》いているのだろうか。牛の糞を燻《いぶ》す煙の臭いも漂ってきた。杵打つ音は、ひっそりと静まり返った村の空気に心地良く融け込んでいく。

子供の頃の、何となくざわざわとした夕暮れ時を思いだした。これを郷愁というのだろうか。だとすると、郷愁を感じる光景とは、少なくとも幸せな光景に違いない。

薄い闇が漂い始めた頃、食事が始まった。トウモロコシの粉を平たく焼いたものと擦《す》り潰した煮豆だけの食卓だが、皆、楽しそうに食事をしている。隣の家から、子供の泣き声や笑い声に混じって、子供を叱る母親の声も聞こえてきた。国は変わっても、家族の夕食の光景は同じだ。

「これがベストだとは思わない」

と、ＷＦＰのスタッフは言った。

「彼らに食糧を届けるだけでは解決にならない。当たり前の事だが、自立できるようにするためには環境の整備や育つ作物の研究も必要なんだ。しかし、とにかく今は飢餓から守ることが最優先だ。本部は予算の事も考えているが、予算を削れば餓死が待っているんだ」

この家族の笑顔を消してはいけない。それからの事は国が平和になってからの課題だ。

そういえば、彼らには奇妙な習慣がある。それは「スーダンの一本立ち」と呼ばれていた。気が向けば片足を折り曲げてもう一方の膝に乗せ、片手に持った枝で体を支えて、何時間もただ立ちつくすのだ。

昼間、一人の少年が熱風の中で「一本立ち」をしていた。その姿は遠くから見ると、風に吹かれながら瞑想する修験者のようにも見えるが、目的など何も無いらしい。ただ心ゆくまで遥か遠くを眺め続けているだけ。ただそれだけ。

自然という絶対なるものを相手にあくせく考えても仕方がない。何事も自然に任せて生きて行くのが、良いにしろ悪いにしろ彼らのスタイルなのだ。

テクノロジーの進歩は我々に物質的な豊かさと快適な生活をもたらしてきた。我々は今、それを享受している。だが、それだけで人は幸福になれるのだろうか？　効率性のみを求める技術的な社会が、精神の自由を犠牲にして成り立っているという事も、また確かな一面だ。では人間の精神の自由とは？　それは認め合い、許しあえるということかもしれない。彼らのスタイルにふれながらそんな事を考えていた。

一日の色彩の締めくくりは、漆黒の闇だった。

闇に融け込むと自分の体が自然の一部になったような不思議な感覚に襲われた。見上げれば、深い青の夜空に無数の星。この空や大地には、原始アニミズムの精霊達が確かに息づいている。

南部スーダンの飢餓は深刻だった

ケニア北部のロキチョキオにはＷＦＰの一大食糧援助基地があり、そこから南部スーダンの各地域へ援助食糧を搭載したC－130輸送機が飛んでいた。

ロキチョキオから再び国連の小型機に便乗し、アレクという村に着いた。予定では明日、ここで食糧投下が行われる。

アレク村もやはり焼けつくように暑かった。ここでも殆んどの村人は、家の中や木の根元に座り込んでいる。あたりは時間が止まったように静かだ。遠くに三匹の山羊を連れた男が見えた。虫が這うようなゆっくりとした足取りで村へ向かって歩いて来る。人も山羊も陽炎にゆらゆらと揺れ、逃げ水に浮かんでいた。

食糧投下当日の朝、「さあ、行くよ！」とイギリス人スタッフのケインに起こされた。外はまだ薄暗くひんやりとしている。投下の場所までは少し距離があるが、涼しいので歩いて行くことにした。

そこは見晴らしの良い場所だった。ここもかつては人々が牛や山羊を追って暮らす緑の草原だったのかもしれない。今は、乾いた地面がずっと先まで続いている。

まだ薄暗い早朝、そこには周辺の村から食糧投下を伝え聞いた人々がもう集まって来ていた。二〇〇人はいるだろうか。遥か地平線の先のような村からも来ているという。皆、WFPと書かれた大きな空袋を手にしていた。

陽が昇り始めると、気温はぐんぐん上昇し、ヒリヒリ痛みを感じる強烈な日差しが襲ってきた。身を守る木陰すらない場所で、人々は持ってきた袋や布切れを頭に乗せ、地面の上にじっと座り込んで配給を待っている。

ふと見るとその一画に、盲目の人達が座っていた。彼らは重いトラホームや河川盲目症という風土病に罹《かか》ったのだという。彼らもまた、村人達に手を引いてもらい遠くから歩いて来たのだ。

「早めに治療さえすれば失明は免れるんだが、ここでは治療を受ける機会は無いんだ。この人達は生まれてから一度も医師の診察はおろか、薬さえ飲んだことがないんだ」

と傍らにいたスタッフが説明した。

ポリオの後遺症で両足が麻痺したという男性も両足を引き摺《ず》りながらやって来ていた。キリスト教の信者なのか、彼の首でロザリオがキラキラと揺れていた。

その時突然、何処からともなく二〇人くらいの男達が現れ、いきなり踊り出した。彼らは奇声を上げ、体を激しく揺さぶりながら無我の境地で踊り続けた。そして突然スコールが止むように静かになり、男達は去って行った。

呆気《あっけ》にとられていると、ケインが笑いながらやってきた。

「もう始まる頃だと思っていた。ここの人間ほど我慢強い人達は見た事がない。彼らは一年中、灼熱に焙《あぶ》られながら生きている。その忍耐からこぼれ落ちたうっ憤を、時々踊りで発散しているのさ。おもしろい民族だよ」

太陽が真上に昇り、朝は長かった人の影が短くなった頃、東の彼方から微かな爆音が聞こえてきた。そして、雲の間からはじき出されるように白い大型輸送機C－130が姿を現した。

輸送機は何度も旋回を繰り返しながら、降りて来ると、木枠に収められた食糧袋を次々と後部ハッチから滑るように落とした。地上で待ち構えていたスタッフが駆け寄って行く。袋には米やトウモロコシ、食用油、塩などが詰められていた。袋が次々に開けられ、配給の準備は進んでいった。

〝食べる〟ことは、〝命をつなぐ〟ことだ

人類の歴史は飢えとの戦いの歴史だという。自然災害や戦争などによる飢饉、圧政による飢餓、世界中でいつの時代も多くの人々が餓死という残酷な状態で命を奪われてきた。

今、その餓死の危機に直面している南部スーダンの村々。

スタッフが地図を見ながらシリアスな状況に陥っている場所を次々と示した。その中にはＷＦＰの支援が届いていない地域もまだまだあった。そこには、飢えに直面し緊急に命をつなぐための食糧を待っている人々がいるのだ。

やはり、日本での生活が頭に浮かんだ。町中に所狭しと溢れる食べ物屋、二四時間営業のコンビニ、毎日これでもかとグルメ情報が流れてくるテレビ。今や、我々にとって「食」は飢えを満たすだけのものではなく、「美味いもの」「便利なもの」を提供するという一大産業となった。まさに〝金さえ払えば〟という世の中だ。一面、それはまた、金が無くなればどうなる？　という不安を抱えて生きている世の中ともいえるのだが、ともかくも我々は〝豊かな食〟に向かって突き進んでいる。そして、その便利さ、豊かさの陰で一年間に一九〇〇万トンもの食品が棄てられているという現実。数字で実感するのは難しいが、これが世界の七〇〇〇万人が一年間食べていける量だと聞くと、「えっ！」と絶句するしかない。我々が豊かさという幻想の中で踊らされている操り人形のようにも思えてくる。

配給は騒ぎも混乱もなく進んだ。皆、一杯、また一杯、と自分の袋に米やトウモロコシが入っていく様子をじっと見ている。その下の地面にこぼれた僅《わず》かな米も、子供達が丁寧に拾い集めていく。

二時間程で作業は終わり、人々は手渡された重い食糧袋を引き摺りながら、また朝と同じ遠い道のりを帰って行った。人々のざわめきも去って行った。袋を引き摺った跡がずっと遠くまで続いている。陽は少し傾いたが、時たま吹く風はまだ熱い。

一人の少女との出会いはその時だった。

少し離れた所で誰もいなくなった地面に、一人の少女が座り込んで地面にこぼれた米を拾っていた。こぼれ飛んで土に混じった米を小さな箒《ほうき》で集めては、手のひらに乗せ、指先で一粒一粒摘んで木のお椀に入れている。

たった一人で無心に米を拾い集めるその姿を見た時、すべての事がストンと腑《ふ》に落ちた気がした。いつの間にか忘れてしまっていた米の一粒一粒に〝命〟を見るということ。〝食べる〟ということは〝生きる〟ということなのだ。

その時、腹を満たした末に思索していた〝清貧〟という言葉などはこっぱみじんに大地に吹く熱い風に吹き飛ばされていった。そして〝生きている〟ということへのシンプルな感動が心の奥から湧き起こってきた。それは一人の少女が教えてくれた命への感動だった。

二〇〇五年一月、曲折を経たスーダン内戦の和平交渉はようやく合意に至った。そして二〇一一年七月、南部スーダンは「南スーダン共和国」として独立した。

当時、その独立は「アフリカの希望」といわれたが、しかし、それは「南部スーダンの民の希望」ではなかった。

◇　◇

和平合意から独立に至るまでのレールはアメリカによって強引に敷かれたものだった。もちろんそこには南部スーダンに眠る豊富な石油の権益が絡んでいたのだ。

かつて白人達はアフリカを〝未開の大地〟と呼んだ。失礼な話だ。そこに暮らす人々は、ただ昔ながらの生活を営んでいただけなのに。

ひとやま当てようと夢見た白人達は、武器を持ってこの魅力的な大地に乗り込んできた。奴隷貿易、植民地、黒人は白人の為に働かされた。それが今も変わっていないのだとしたら……。

南スーダンの石油権益を巡ってのアメリカと中国の争いは、大統領派と副大統領派の権力争いを引き起こした。昔から続く部族間の対立が利用されたのだ。もちろん利用された方も、権力とそれに伴う富を目論んでのことだ。さらにそこに国連も加担しているという構図は、まさにかつての植民地時代と同じなのだ。国連による援助は見方によっては脅迫材料だともいわれている。

それを考える時、チュリル村やアレク村で援助活動に取り組んでいた国連スタッフの一人一人の顔を思い浮かべずにはいられない。彼らは目の前の人間の命の危機と向き合っていた。それが政治に利用されているとしたら冗談じゃない。

今も、南スーダンでは醜い争いが続いている。それは残虐性と暴力性をさらに増して国を破壊し続けている。襲撃、略奪、虐殺――無法状態の中で、新しい国は創る前から崩壊してしまった。多くの村が焼き払われ、またもや難民は一〇〇万人を超えた。今、南スーダンで人道支援を必要としている国民は全体の四分の三を上回るという。それが一部の人間の欲望によって引き起こされた争いの結果なのだ。

南部スーダンの辺境の村でトントンと杵を打って食事の支度をしていた人々。彼らはそんな欲望や争いとは無縁の静かな生活を営む人々だった。夜空では満天の星が人々を見守っていた。

人間は皆、その昔、自然の中に息づく精霊達と共に暮らしていた。

人間の欲望が発展させてきた文明は、我々に多くの果実をもたらした。しかし、果てしない欲望に身を置くうちに、いつしか精霊達は姿を消してしまった。

今も続く、南スーダンでの利権を巡る争い――。

自然の中の精霊達の声に耳を傾けなくなった時、我々は人間としての生き方の何かを見失ってしまうのだろうか。

カンボジア

2006年

クメール・ルージュの兵士（プノンマライ　1982 年）

アンコールワットで暮らす人々(シエムリアップ　1993年)

アンコールワットの僧侶（シエムリアップ　1993年）

地雷で足を失う（バッタンバン州　2006 年）

一九九三年五月、カンボジアの首都プノンペンは、見たこともない数の外国人を前に浮き足立っていた。ずっと内戦が続いたカンボジアが、国連の見守る中で総選挙を迎える。世界の目が集まっていた。ホテル、食べ物屋、タクシー、客はドルを落としていく。それは、この国が平和に向かって大きく舵《かじ》を切り始めたという実感を人々に与えていた。

「ミー、グッドドライバーOK? ワンディ、テンダラー、ノープロブレム」

と、バイクタクシーの運転手。町中に「ノープロブレム」が充満していた。走るバイクの荷台に縛られた豚、ハンドルにぶら下げられたアヒル達が悲鳴を上げている。町の人々の表情は明るい。

カンボジア内戦

カンボジアでアメリカの画策《かくさく》による軍事クーデターが起こり、ロン・ノル政権が誕生したのは一九七〇年。その時からカンボジアの人々は東西冷戦という時代の渦に呑み込まれた。それは隣国ベトナムの戦争が飛び火した、インドシナ戦争という激動の渦だった。ロン・ノル政権と反政府勢力クメール・ルージュによる内戦に加え、北ベトナムによる攻撃、アメリカ軍による爆撃、と激しい戦火が人々を襲った。数十万といわれる犠牲者、路頭《ろとう》に迷う人々。豊かだった農村は壊滅し、食糧不足による飢餓《きが》が人々に追い討ちをかけた。

一九七五年、ベトナムではサイゴンが陥落《かんらく》し、同時にカンボジアではクメール・ルージュ＝ポル・ポト派が政権を握った。それを境にカンボジアからの情報は途絶えたが、後に明らかになったところによると、原始共産制を目指す政権の下で、農村での強制労働、知識人の虐殺等の強引な政治が行われたという。それは三年間続いた。

三年後、今度はベトナムの支援を受けた反ポル・ポト派がプノンペンを攻略、ポル・ポト派をタイ国境に追いやった。そこからまた、カンボジアを二分した長い内戦が続く。ようやくカンボジアが平和への道を進むことになったのは、駐留していたベトナム軍が撤退した一九八九年のことだった。

それから四年、平和への道は決して平坦ではなかった。今(一九九三年)もポル・ポト派の主流は総選挙を認めず、タイ国境で戦闘を続けている。だが今度こそは、と人々は今回の選挙に希望を託していた。内戦の始まりから二〇年以上、それはあまりにも長い歳月だった。

かつての激戦地、アンコール遺跡の町シエムリアップは、今はのんびりとした田舎町に戻っていた。早朝のひんやりとした空気の中、托鉢《たくはつ》の僧列が歩いて行く。傍らを天秤棒《てんびんぼう》を担いだ物売りが籠《かご》を揺らしながら通り過ぎる。トッケイ（トカゲ）の間の抜けたような鳴き声。

一二世紀に建てられた寺院アンコールワットには、周辺の住民が戦火を逃れて逃げ込み、そのまま今も暮らしていた。鍋や釜が雑然と置かれた中庭で洗濯物がはためいている。米を炊く煙が石の回廊《かいろう》に漂ってきた。

僧の一人が言った。

「これでいいのです。寺は人々のためにあるのです。困った人達を助けるのが寺の役目です」

回廊に座っていると一人の少年がやって来て、袋から小さな石像を出した。

「これは古い像だよ。二〇ドルにまけとくから」

堂の中では、大きな石像にハンモックが吊るされ、赤ん坊が小さな寝息をたてていた。

「クメール・ルージュも怖いけど、政府軍の連中も同じ。酒に酔って村にやってきては銃で脅してお金をせびるのよ。ここは静かで平和だけど、選挙が終わったら追い出されるのでしょうね」

と、近郊の村から逃げてきたという母親が語った。

静かにたたずむ遺跡の前を、時おり政府軍の戦車やトラックが通って行く。ポル・ポト派との戦闘は、そう遠くない所で続いていた。雷鳴のように砲声が聞こえ、稲光《いなびかり》のように戦火が空を染めている。

かつて、クメール・ルージュはこの城郭《じょうかく》のような寺院に陣地を構え、政府軍と戦った。今も残る弾痕《だんこん》、壊された仏像。

遊んでいた子供の一人が道の傍らにある祠《ほこら》を指差して教えてくれた。

「僕が生まれる前、たくさんの人が死んだんだ。僕のおじいさんもね。小屋を覗《のぞ》くと骸骨《がいこつ》の山が見えるよ」

金網の窓から覗いて見ると、子供の言った通り、中は隅々まで人骨で埋まっていた。

迎えた投票の朝、僧侶も村人も、皆がまるで祭りのように浮き浮きとした顔をして投票所に集まって来た。

投票を終えた僧侶が満面の笑みを浮かべながら言った。

「これでどうにかカンボジアは平和になるでしょう。きっとお釈迦《しゃか》様が見守って下さいます」

カオイダン難民キャンプ

初めてカンボジアを取材したのは一九八二年一〇月、ベトナム軍に首都プノンペンを追われたクメール・ルージュが、タイ・カンボジア国境で激しい抵抗を続けていた頃だ。クメール・ルージュを含む反ベトナムの三派は連合政府を樹立し、カンボジアは二分されていた。

当時、タイの国境の町アランヤプラテートの周辺には七か所の難民キャンプがあり、約三三万人のカンボジア難民が暮らしていた。

その時は、アランヤプラテートから二〇キロ、小高い丘の麓《ふもと》の広大な敷地に広がるカオイダン難民キャンプを訪ねた。萱《かや》ぶきの小さな家がはるか先まで軒《のき》を連ねるこのキャンプには約一六万人が暮らしていた。

強い日差しが照りつける軒先で気持ちよさそうに水浴びをする子供達。丸い顔、首にチェックのクロマー(スカーフなどに使われる伝統的な布)を巻いた美しい少女が、笑顔で両手を合わせ挨拶をくれた。

「チョムリアップスオ(こんにちは)」

少女の口元から覗く陶磁器のような真っ白い歯、両頰《ほお》のえくぼからこぼれる笑顔はまさにクメールの微笑みだ。

キャンプの生活は今はだいたい落ち着いている、とスタッフは言った。

「来た時は皆ガリガリに痩《や》せて、よく生き延びられたなと思ったよ。ほとんどが農民だが、中には元ポル・ポト派の兵士だったのもいて、時々、闇にまぎれてポル・ポト派が彼らを誘いに来ることもある。まっ、共通しているのはベトナムを嫌っているってことだな」

その言葉通り、キャンプの誰もが「ベトナム、スオッップ(嫌い)」と言って顔をしかめた。彼らは何よりもベトナムを心底嫌っていた。

「カンボジアには〝ベトナムの木〟というのがあります。それは太い蔓《つる》で大木に巻き付いて生長し、やがて大木を枯らすのです」

と、キャンプの住人スレィニィエットさんはベトナムを木の蔓にたとえた。

チーク材を削《けず》って木のお盆を作っていたソンという男性にも話を聞いた。

「いいお盆ですね」

ソンさんは仕事の手を休め、ヒビの入ったメガネを外した。

「はやく故郷のコンポンチャムへ帰りたい。思い出したくもない辛い事があったけれどね。ポル・ポトの時は酷かった。一年中空腹を抱えながらオンカー(クメール・ルージュの地区指導員）の指示で働かされた。栄養失調で動けない者は、子供達からでさえ反革命だと罵《ののし》られた。ここは平和だけど、それでも毎日故郷のことを考えるんだ。今頃は稲刈りに忙しい頃だよ」

ソンさんは逃げて来る時に妻と三人の子供を亡くしていた。ソンさん達は幾つもの山を越え、地雷原をさまよいながら国境を目指したという。

「大勢の人が死んだ。僕の妻と三人の子供も、国境まであと少しという所で行き倒れた。埋めてあげたかったが、僕にはもうその体力もなかった」

クメール・ルージュ

クメール・ルージュの取材を申し込んだ。

アランヤプラテートから国道五号線を南下、車でしばらく走ると左前方にぽつんと丸い山が見えてきた。そこがクメール・ルージュの幹部達がいるプノンマライだという。案内してくれるクメール・ルージュのブンレットさんと、小さな川をわずか数歩で越え、カンボジア領に入った。プノンマライに通じる細い道を歩いていくと、ベトナム軍と睨《にら》み合っている最前線に到着、そこには木の枝で全身をカモフラージュした兵士達がいた。ほとんどが二〇代の若者だ。

肩からRPGロケット砲を担いだ一人の兵士に話を聞いた。恥ずかしそうな笑顔の青年だ。

「今よりも、プノンペンに突入した時の方がよっぽど緊張したよ。僕は一五歳の子供だった。それまで見たこともない大きな建物、手を振って迎えてくれた大勢の人々。今でも思い出すけど、誇らしい気持ちだった」

「今は、これから先どうなるのかと思うと、不安はあるよ。森の中でベトナム軍を相手にゲリラ戦を戦っていると、先がまったく見えてこないんだ」

と、彼は少し疲れたような表情を見せた。

内戦が始まった時、農村の若者の多くが志願してクメール・ルージュの兵士として戦った。その戦いは、皆がお腹いっぱいに食べて幸せに暮らすための戦いだったはずだ。その圧倒的な勢いでアメリカを追い出したクメール・ルージュの戦い。しかしそれも、今やベトナムというヘビに呑み込まれようとしているネズミの最後の儚《はかな》い抵抗のようにも見える。

その夜、最高幹部の一人、キュー・サムファン氏とのミーティングがあった。犠牲者一〇〇万人ともいわれる虐殺の真相を彼の口から聞きたかったのだが、それはやんわりと避けられた。ポル・ポト氏の話になったが、これも「元気にしていますよ」と、さらりとかわされた。

しかし、サムファン氏は、ゆっくりとした言葉でこう最後を括《くく》った。

「多くの人間が死んだのは確かな事です。やはり我々の政治には、大きな誤りがあったのかもしれません」

その後もポル・ポト派は、ベトナムの軍事力に後押しされたプノンペン政権によってタイ国境に押さえ込まれた。そして二〇世紀の終わりと共に力を失ったポル・ポト派は、ついにその半世紀近くに及ぶ戦いに幕を下ろしたのだった。

地雷の掃除屋

あの総選挙から一〇年以上が過ぎた二〇〇六年、再びカンボジアに行く機会を得た。内戦が残した大きな問題の一つ、対人地雷撤去の取材だった。

久し振りに訪れたシエムリアップは、目を疑う程の変貌《へんぼう》を遂げていた。森は切り倒され、高級ホテルが建ち、人家は地上げされてディスコになり、僧侶達が慎ましく托鉢していた通りにはカフェやイタリアンレストランまでが賑やかに並んでいる。世界中からやって来る観光客。町の空気から内戦の臭いはすっかり消えていた。

地雷撤去の現場は、シエムリアップからさらにヘリで国境方面へ約一時間飛んだ人口五〇〇人程の小さな村だった。

村にはカンボジアらしい田園地帯が広がっていた。濃い緑の熱帯樹が民家を囲むように繁り、さらにそれを抜けると田畑が水路に沿って広がっている。二〇センチ程伸びた稲が吹く風に揺れ、アヒルの群れが畦道《あぜみち》を渡り、水溜りに遊ぶ水牛がゆっくりとこちらを振り返る。それぞれの光景が集まり、一つの心地良い風景を作り出している。

鍬《くわ》を担いだ二人の村人が畦道を歩いて来た。

「チョムリアップスオ！(こんにちは)」

手をあわせて挨拶すると、微笑みが返ってきた。首にはチェックのクロマーが巻かれている。

一軒の農家の前では三人の男性が茶を啜《すす》っていた。

「田植えが終わると楽だよ。こうやって毎日ゆっくりお茶が飲める」

初老の男性が、日焼けした顔をほころばせた。

「昔の話を聞かせてもらってもいいですか？」

「もうあんな時代はこりごりだ。クメール・ルージュの兵士がこの村にもやって来た。それから村人全員を集めてこう言ったんだ。一生懸命働きなさい、そうすればみんなが腹いっぱい食える国になる」

「みんな、朝から晩まで魂が抜けたように働いた。文句一つ言えなかった」

「いや、それは違うんだ。戦争で荒れた土地を一日でも早く立て直す必要があったんだ。ベトナムという敵がいるからね」

と、もう一人の男性が首をかしげながら言った。

「あんたはクメール・ルージュの兵隊だったから、そんなことが言えるんだ。良い思いもしたんだろう」

一つの質問が、村人の中に残されたポル・ポト時代の記憶を揺《ゆ》り戻してしまった。しかし、わだかまりが燻《くすぶ》っているわけではない。

「もう終わったことだ」

で、話はすっきりと水に流れていった。

翌日、早朝から地雷の撤去作業が始まった。約二〇人のカンボジア人ディマイナー（地雷撤去員）が、それぞれ決められた地雷原に足を踏み入れていく。一人のディマイナーの仕事を追った。

彼は探知機を地面に近づけて地中の反応を見ていた。そろそろと慎重な手つきで作業は続く。と、ある一点で手が止まった。地面を這《は》うように膝をつき、何やら考え、先の尖《とが》ったナイフの刃先をそっと地中に突き刺した。そして顔に玉のような汗を浮かべながら探るようにしばらくナイフを動かしていたと思うと、こちらを向いてニコッと笑った。

「あったよ」

土の中から顔を出したのは、直径三〇センチ程の丸い地雷だった。薄いカーキ色をしている。慎重に信管《しんかん》が抜かれた。ほっと緊張感から解放される。それにしても神経の擦《す》り減る仕事だ。ちょっとしたミスも許されない。一つ間違えばドカーンだ。

長い内戦の間、カンボジアの水田や畑には無数の地雷がばら撒かれた。そしてその地雷は戦争が終わった後も地中で生き続け、畦道や畑、草むらに潜んで平和になった村の人々の手足を吹き飛ばしていた。

ヌックさんという男性は、両足の膝から下を吹き飛ばされた。二年前の農作業中だった。

「一瞬、激しい衝撃を受けたことまでは覚えていますが、気がついたら病院のベッドの上でした。すぐに両足が無いことがわかって、ずいぶん苦しみました。今は車椅子ですが、道が悪くて思うようには動かないので、何処へいくにも妻の助けを借りています」

一日の仕事が終わり宿舎に戻って来たディマイナー達が、パンツ一枚になって水浴びをしていた。

「仕事は危険だけど、誰もがやれることじゃない。僕は技術者だ。一つの地雷を掘り出すごとに、一人の人間の片足が救われたと思うんだ」

「カンボジアでは世界遺産のアンコールワットが有名だが、それとは別の負の遺産もたくさんあるのさ。その一つが掃《は》いても掃いても失くならない地雷さ。俺達はその地雷の掃除屋だよ」

夕食のおかずにするアヒルの羽をむしっているディマイナー達と、土手に座り込んで夕日を眺めていた。空が燃えるようなサフラン色に変わり、水路の岸辺の小屋も赤く照らされている。村から立ち昇る夕餉《ゆうげ》の煙が、ゆっくりと森へ流れ込んでいった。平和な村の夕方の風景は息を呑むほど美しい。

カンボジア　2006年

首都プノンペン。ここも大都会に変貌を遂げていた。

あの選挙から一三年、再びプノンペンを歩くとやはり感懐が湧いて来る。

初めて小さな川を渡ってカンボジアに足を踏み入れたのは二四年も前のことになる。右も左もわからず不安を抱えながら、フォトジャーナリズムの世界に飛び込んだ。あの時カンボジアは内戦の混乱の真っ最中。難民キャンプで接した人々の静かな笑顔、クメール・ルージュの兵士の素顔に、カンボジアの人というのは何と穏やかなんだろう、と驚くことばかりだった。あの不安の中で誰も、嘆くことも、声を張り上げることもなかった……そんなことを思い出しながら発展を遂げたプノンペンの町を歩いていた。

知り合った二人の学生とカフェのテラスに座り、行き交う人々を眺めながら、しばし喋《しゃべ》った。

「日本でカンボジアと検索すると出てくるのはまず、アンコールワットとキリングフィールドだよ。知ってる?」

「そんな風に見られているんだ。確かにカンボジアはアンコールワットと虐殺を売り物にしているからね」

「今の政権はもう独裁といっていい。シアヌーク国王は霞んでいるよ」

「みんな独裁政権に不満はないの?」

「抗議しても結局は潰《つぶ》されるからね。みんな政治のことに関心はないよ。ポル・ポト時代

も その後も、ただ時代に押し流されてきたんだ。それがこの国で生きるってことだろうね。みんなノープロブレムで日が暮れるんだ」

二人の学生の屈託のない笑顔を見ながら改めて思った。

確かに、この町でも時代の流れは有無を言わせず人々を乗せて流れてきたのだ。

◇　◇

カンボジアの長い戦いは、飢餓を生み、虐殺を生み、多くの難民を生んだ。そして途方も無い数の犠牲者。カンボジアの国民は悲劇の民といわれた。

今、都会となったプノンペンを人々は脇目もふらず忙しそうに歩いて行く。

我々は皆、その時代の流れに乗る船から振り落とされないようにと生きている存在なのかもしれない。

だが？　だからこそ？　という想いはある。

飯舘村

2011年～

大切に育てた仔牛

初めて飯舘《いいたて》村を訪れたのは、震災からほどなくの二〇一一年三月下旬。震災の余波がこの村を襲った時だった。福島第一原発の事故で多量の放射能がこの村に流れ込んでいたのだ。

村の役場で長泥《ながどろ》地区長の鴫原良友さんに声をかけられた。

「長泥の住民はほったらかしにされている。あんたの目で見に来てくれ」

鴫原さんの車に乗って長泥地区に向かった。

冷たく透き通った空気、村はいまだ冬の柔らかな光の中に眠っていた。田んぼを覆う雪がつむじ風に巻き上げられ、キラキラと眩しく光る。山林の小さな流れの中では花の蕾が膨らみかけ、春を心待ちにしていた。

この日本の原風景のような里山に降ってわいた原発事故の余波。

「これからどうすんべぇ……。なんで俺達の村が……」

「下がんねぇー。ずっと二六のままだ」

モニタリングポストの数値は高い。家にじっと閉じこもる住民の不安は日毎に募っていく。

鴫原さんは四頭の和牛を飼う畜産農家だった。

「なんで、こんな目に遭わなきゃなんねぇーのか、俺にはわかんねぇー。ここの人間は原発の恩恵なんて、これっぽっちも受けてねぇもの……」

誰かが言った。

「政府が決めた事だから、俺達はどうしようもねぇな。今さら誰を恨んでも始まらねぇさ。東電だって好きで放射能をぶちまけたわけでもねぇーべぇー」

地区集会ではぶつけどころのない悔しさに怒号が飛び交った。それでも皆、村を離れるしかないことはわかっていた。それは田んぼや畑を捨て、牛とも別れるという辛い決断だった。

五月になり、長泥地区は飯舘村の中でも遅い桜の開花を迎えた。住民はこれで最後になるかもしれない花見の宴を開き、散りゆく桜の花びらに自分達の惜別《せきべつ》の想いを重ねた。

「いつになく寂しい酒になった」

と、鴫原さんは言った。

飯舘村は林業、酪農、畜産の村だった。それが一夜にして壊滅した。放射能はすべてを汚染した。

雪の積もった牧草地に、軽四輪に載せた大きなミルクタンクのホースの先から搾りたての泡だった牛乳が勢いよく撒かれていた。乳牛は乳を搾らないと乳腺に炎症を起こす。酪農家は毎日朝夕二回、搾った牛乳を出荷できずにそのまま畑に棄てていた。

やっと〝飯舘牛〟という高級ブランドに育て上げた黒毛和牛も、もはや市場には出せない。

「牛を背負って避難はできないだろ」

そう言って、畜産農家の小川さんはいとおしそうに仔牛を撫でた。今年生まれたという仔牛が甘えるようにさかんに首を回しながら、小川さんの顔を舐めようとしていた。

飯舘村で知り合った人達は皆、寡黙《かもく》だったが、その重い口から出る言葉には心の奥の悔しさが滲んでいた。

飯舘村、人口六〇〇〇人。住民はその後、全村避難を受け入れた。

一時帰宅

それから三年が過ぎた二〇一四年三月、鴫原さんは長泥地区の自宅に一時帰宅した。

「我が家の中に入るのは、もう一年ぶりかな」

鴫原さんは、そう呟《つぶや》いて玄関の鍵を開け、家に入った。仏間の壁で、先祖の写真や鴫原さんの両親の写真が薄暗い部屋を見下ろしていた。

「この家はちっとも変わってねぇ……」

長泥地区は特に放射線量数値が高く、完全封鎖されていた。この日も許可を得ての帰宅だった。住民が消えた村、鴫原さんが〝長泥銀座〟と呼ぶ国道の十字路の真ん中には通行禁止の標識が立てられ、除染作業も中断されたまま、空き地にはフレコンバッグに詰められた汚染土が積み上げられていた。

鴫原さんは村の神社へ向かった。今年は雪も少なく、畑や田んぼには微かな春の訪れが感じられる。枯れ草で覆われている地面から顔を出そうとしている生き物達。神社の鳥居の前の一画で真っ赤な帽子を被った二体の地蔵が微笑んでいた。

鴫原さんが鳥居の新しいしめ縄を指した。

「神社は離ればなれになった地区民を今でも守ってくれている。里の守り神だ。だからこの縄を掛けてお祭りしたんだよ」

「あそこに見える大きな家が俺の爺ちゃんの家で、今の俺の家は分家してもらったんだ。長泥は他の所より米の出来も悪い、地価もうんと安い。でも生まれ育ったところだからな」

鴫原さんはあれ以来、村に戻る日を心待ちにし、村のこれからにも想いをはせてきた。だが、いまだ避難生活の先は見えない。突然、鴫原さんが、もうここに帰る気持ちはなくなった、と話し出した。福島市内に新しい家も見つけていた。夏までに引っ越すという。

「家族みんなが反対しているのに、俺一人では帰れないもんな」

そう語る鴫原さんの顔にはどこかふっ切れたような清々しさがあった。

ゆっくりと峠道を上がっていった。道に沿って続く桜並木も春を心待ちにしていた。もうすぐあれから三年目の桜が咲く。

「何も変わらん」

佐藤さんとの出会いは、震災から四か月がたった七月、住民の大半が避難して去った飯舘村の長泥に近い地区での事だった。住民のいなくなった村の家々の庭先には、家屋を呑み込むような勢いで〝せいたかあわだち草〟が生い茂り、黄色い穂先から盛んに花粉を飛ばしていた。降るような蟬《せみ》の鳴き声、萱《かや》の繁みから羽を擦《す》り合わせる虫の音、夏の小さな命達が一斉に歌声を響かせていた夏の日のことだ。

村で、一人トラクターに跨り畑仕事をする人がいた。

佐藤強さん、妻ヒサノさん。佐藤さん夫婦は村に残り、二人だけの変わらない暮らしを続けていた。

「ここがいい。何処へも行かず、ここで婆さんと死ぬまでいる」

夏の陽がさんさんと降り注ぐ縁側で、その〝婆さん〟と呼ばれた妻のヒサノさんが、トラクターに跨った〝じいちゃん〟の農作業を飽かずに見ていた。

居間の壁にはたくさんの家族の写真、そして旅の思い出だというこけしや瓢簞《ひょうたん》。

「息子や娘が心配して毎週のように食べ物を持って来る。わしと婆さんだけではとても食いきれんほどカップラーメンがあるぞ。煙草も喉が痛くなるほどあるわ」

そう言って、佐藤さんは煙草をくゆらせながらハッハッと笑った。

それからも、何度か佐藤さんのお宅を訪ねた。いつ行っても佐藤さんは、こちらを元気にするような笑い声で迎えてくれた。

あれはまだ寒い頃、膝まで埋もれる残雪に冷たさを感じながら家の前の坂道を登り、縁側のガラス戸から覗くと、二人は居間の炬燵《こたつ》に首まですっぽりと身を潜らせていた。

「よく来たな」

久し振りの話し相手に佐藤さんはよく喋った。隣でヒサノさんがニコニコと話を聞いている。

「俺らの事が何かに出たみたいで、九州の女の人が靴下を送ってきてくれたよ」

と、佐藤さんは手編みの靴下を出してきた。

「何も変わらんよ、このとおりで――」

くゆらす煙草の煙が古茶けた柱を伝い、天井へ昇っていく。

「また、寄らせてもらいます」

そう言葉をかけた帰り際、

「あいよー！」

と、ヒサノさんの声を初めて聞いた。


ヒサノさんが亡くなった。

久し振りに訪ねたら、佐藤さんは一人、炬燵で昼寝をしていた。

「あれっ！　ばあちゃんは？」

「ばあさんは去年の三月に死んでしまったよ」

「朝起きると冷たくなっていた。もうダメだった。今は一人だ」

仏壇からヒサノさんの笑顔が見下ろしている。手を合わせた。

湿っぽくなったと思ったか、佐藤さんが明るい笑顔で話を盛り上げる。

「去年の秋も裏山に入ったらマツタケがいっぱいあったんだよ。美味いのになあ……」

佐藤さんは一人になった今もこの村を離れる気持ちはないという。この土地で紡いできた夫婦の思い出。そして家族の思い出。

畦道に咲く小さな花、虫達の声、山の恵み、そして雪景色。家族の思い出は、季節の移ろいの中で土の匂いと共にある。

手元にある佐藤さんとヒサノさんの笑顔の写真。あの時「何も変わらんよ」と言っていた佐藤さんの顔が、あの日の縁側の陽だまりの光景と共に、故郷という温かさを運んで来る。

ここがいい，ここで二人で暮らす

橋本 昇
30年にわたり，フランスの写真通信社Sygma(現在はGetty Images)の契約フォトグラファーとして，国内の被災地や海外の内戦，難民を取材．
『ライフ』誌，『パリマッチ』誌，『タイム』誌，『ニューズウィーク』誌等で写真を発表している．

内戦の地に生きる
——フォトグラファーが見た「いのち」　岩波ジュニア新書 894

2019年4月19日　第1刷発行

著　者　橋《はし》本《もと》　昇《のぼる》

発行者　岡本　厚

発行所　株式会社 岩波書店
〒101-8002 東京都千代田区一ツ橋 2-5-5
案内 03-5210-4000　営業部 03-5210-4111
ジュニア新書編集部 03-5210-4065
https://www.iwanami.co.jp/

組版　シーズ・プランニング
印刷・精興社　製本・中永製本

ISBN 978-4-00-500894-0　　Printed in Japan

岩波ジュニア新書の発足に際して

きみたち若い世代は人生の出発点に立っています。きみたちの未来は大きな可能性に満ち、陽春の日のようにひかり輝いています。勉学に体力づくりに、明るくはつらつとした日々を送っていることでしょう。

しかしながら、現代の社会は、また、さまざまな矛盾をはらんでいます。営々として築かれた人類の歴史のなかで、幾千億の先達《せんだつ》たちの英知と努力によって、未知が究明され、人類の進歩がもたらされ、大きく文化として蓄積されてきました。にもかかわらず現代は、核戦争による人類絶滅の危機、貧富の差をはじめとするさまざまな人間的不平等、社会と科学の発展が一方においてもたらした環境の破壊、エネルギーや食糧問題の不安等々、来るべき二十一世紀を前にして、解決を迫られているたくさんの大きな課題がひしめいています。現実の世界はきわめて厳しく、人類の平和と発展のためには、きみたちの新しい英知と真摯《しんし》な努力が切実に必要とされています。

きみたちの前途には、こうした人類の明日の運命が託されています。ですから、たとえば現在の学校で生じているささいな「学力」の差、あるいは家庭環境などによる条件の違いにとらわれて、自分の将来を見限ったりはしないでほしいと思います。個々人の能力とか才能は、いつどこで開花するか計り知れないものがありますし、努力と鍛練の積み重ねの上にこそ切り開かれるものですから、簡単に可能性を放棄したり、容易に「現実」と妥協したりすることのないようにと願っています。

わたしたちは、これから人生を歩むきみたちが、生きることのほんとうの意味を問い、大きく明日をひらくことを心から期待して、ここに新たに岩波ジュニア新書を創刊します。現実に立ち向かうために必要とする知性、豊かな感性と想像力を、きみたちが自らのなかに育てるのに役立ててもらえるよう、すぐれた執筆者による適切な話題を、豊富な写真や挿絵とともに書き下ろしで提供します。若い世代の良き話し相手として、このシリーズを注目してください。わたしたちもまた、きみたちの明日に刮目《かつもく》しています。（一九七九年六月）

864
榎本武揚と明治維新
―旧幕臣の描いた近代化
黒瀧秀久
幕末・明治の激動期に「蝦夷共和国」を夢見て戦い、その後、日本の近代化に大きな役割を果たした榎本の波乱に満ちた生涯。

865
はじめての研究レポート作成術
沼崎一郎
図書館とインターネットから入手できる資料を用いた研究レポート作成術を、初心者にもわかるように丁寧に解説。

866
その情報、本当ですか？
―ネット時代のニュースの読み解き方
塚田祐之
ネットやテレビの膨大な情報から「真実」を読み取るにはどうすればよいのか。若い世代のための情報リテラシー入門。

867
〈知の航海〉シリーズ
ロボットが家にやってきたら…
―人間とAIの未来
遠藤　薫
身近になったお掃除ロボット、ドローン、AI家電…。ロボットは私たちの生活をどう変えるのだろうか。

868
司法の現場で働きたい！
―弁護士・裁判官・検察官
打越さく良
佐藤倫子　編
13人の法律家(弁護士・裁判官・検察官)たちが、今の職業をめざした理由、仕事の面白さや意義を語った一冊。

869
生物学の基礎はことわざにあり
―カエルの子はカエル？　トンビがタカを生む？
杉本正信
動物の生態や人の健康、遺伝や進化、そして生物多様性まで、ことわざや成句を入り口に生物学を楽しく学ぼう！

870
覚えておきたい 基本英会話フレーズ130
小池直己
基本単語を連ねたイディオムや慣用的フレーズを厳選して解説。ロングセラー『英会話の基本表現100話』の改訂版。

871
リベラルアーツの学び
―理系的思考のすすめ
芳沢光雄
分野の垣根を越えて幅広い知識を身につけるリベラルアーツ。様々な視点から考える力を育む教育の意義を語る。

872
世界の海へ、シャチを追え！
水口博也
深い家族愛で結ばれた海の王者の、意外な素顔。写真家の著者が、臨場感あふれる美しい文章でつづる。〔カラー口絵16頁〕

873
台湾の若者を知りたい
水野俊平
若者たちの学校生活、受験戦争、兵役、就活……、3年以上にわたる現地取材を重ねて知った意外な日常生活。

874
男女平等はどこまで進んだか
―女性差別撤廃条約から考える
山下泰子・矢澤澄子監修／国際女性の地位協会編
女性差別撤廃条約の理念と内容を、身近なテーマを入り口に優しく解説。同時に日本の課題を明らかにします。

875
〈知の航海〉シリーズ
知の古典は誘惑する
小島毅 編著
長く読み継がれてきた古今東西の作品を紹介。古典は今を生きる私たちに何を語りかけてくれるでしょうか？

877・876
数学を嫌いにならないで
基本のおさらい篇
文章題にいどむ篇
ダニカ・マッケラー
菅野仁子 訳

数学が嫌い？ あきらめるのはまだ早い。この本を読めばバラ色の人生が開けるかもしれません。アメリカの人気女優ダニカ先生が教えるとっておきの勉強法。苦手なところを全部きれいに片付けてしまいましょう。いつのまにか数学が得意になります！

878
10代に語る平成史
後藤謙次

消費税の導入、バブル経済の終焉、テロとの戦い…、激動の30年をベテラン政治ジャーナリストがわかりやすく解説します。

879
アンネ・フランクに会いに行く
谷口長世

ナチ収容所で短い生涯を終えたアンネ・フランク。アンネが生き抜いた時代を巡る旅を通して平和の意味を考えます。

880
核兵器はなくせる
川崎　哲

ノーベル平和賞を受賞したICANの中心にいて、核兵器廃絶に奔走する著者が、核の現状や今後について熱く語る。

881
不登校でも大丈夫
末富　晶

「学校に行かない人生＝不幸」ではなく、「幸福な人生につながる必要な時間だった」と自らの経験をふまえ語りかける。

882 40億年、いのちの旅　伊藤明夫
40億年に及ぶとされる、生命の歴史。それをひもときながら、私たちの来た道と、これから行く道を、探ってみましょう。

883 生きづらい明治社会 ―不安と競争の時代　松沢裕作
近代化への道を歩み始めた明治とは、人々にとってどんな時代だったのか？ 不安と競争をキーワードに明治社会を読み解く。

884 居場所がほしい ―不登校生だったボクの今　浅見直輝
中学時代に不登校を経験した著者。マイナスに語られがちな「不登校」を人生のチャンスととらえ、当事者とともに今を生きる。

885 香りと歴史 7つの物語　渡辺昌宏
玄宗皇帝が涙した楊貴妃の香り、織田信長が切望した蘭奢待など、歴史を動かした香りをめぐる物語を紹介します。

886 〈超・多国籍学校〉は今日もにぎやか！ ―多文化共生って何だろう　菊池 聡
外国につながる子どもたちが多く通う公立小学校。長く国際教室を担当した著者が語る、これからの多文化共生のあり方。

889 めんそーれ！ 化学 ―おばあと学んだ理科授業　盛口 満
料理や石けんづくりで、化学を楽しもう。戦争で学校へ行けなかったおばあたちが学ぶ教室へ、めんそーれ（いらっしゃい）！